JN225363

TRICK
トリック

「朝鮮人虐殺」をなかったことにしたい人たち

加藤直樹
Kato Naoki

ころから

まえがき

それは〝トリック〟だった

「朝鮮人虐殺が『あった』と言い切ってしまって大丈夫か」

私の友人の全国紙記者は、朝鮮人虐殺についての企画を提出した際、校閲担当者にそう言われて唖然としたそうだ。

1923年9月1日に起きた関東大震災の直後、「朝鮮人が暴動を起こしている」「朝鮮人が井戸に毒を入れた」といった流言が広がり、各地で朝鮮人が迫害され、虐殺される事態が起こった。少なくとも9月3日までは、警察が誤った流言を拡散し、軍も虐殺に手を染めた。民族差別について、そして災害時の差別デマの恐ろしさについて考えるとき、必ず思い起こされなければいけない事件である。

ところが近年、インターネット上で「朝鮮人虐殺はなかった」「朝鮮人は本当に暴動を起こした」といった主張が拡がるようになった。このままでは、この事件から現代の私たちが学ぶべき教訓——民族差別の恐ろしさや災害時の差別デマへの警戒、行政の責任の重さ——が打ち捨てられることになってしまう。

そこで私と友人たちは、２０１４年以降、こうした「虐殺否定論」がどのように間違っているかを明らかにし、それを広く知らせるための作業を始め、その成果をサイトやブログにまとめてネット上で公開してきた【⬇178頁】。虐殺否定論者が誤りを書き連ねるのは簡単だが、それが事実ではないことを、根拠をもって一つひとつ示していくのは大変な労力がいることだった。

「虐殺否定論なんて馬鹿げている。相手にしなくていい」と忠告してくれる人もいた。確かに虐殺否定論は馬鹿げている。それでも私たちが作業を続けたのは、冒頭に示したエピソードに現れているように、それがネットの書き込みだけでは収まらず、現実社会に浸透し、言論を歪めていくことが目に見えていたからだ。新聞記者でさえ自分の不得意な分野についてはネットで軽く調べることから始めるし、作家やライターであっても、ウィキペディアを疑いもせずに書き写す人がいるのだから当然だろう。

そして、虐殺否定論を検証する作業を徹底的に行ったことで見えてきたのは、それが〝認識の誤り〟ではなく、そもそも人をだます目的で仕掛けられた〝トリック〟であるということだった。そこには、〝誤解〟や〝無知〟ではなく、あからさまな〝嘘〟が意図的に混入されていたのである。

公的な言論の空間とは、何が事実かをめぐる開かれた議論、あるいは事実の上に立った（少なくとも当人はそう信じる）主張を交す場である。ところが虐殺否定論のようなトリックを操る者は、事実ではないものをもっともらしい体裁で包み、意図的に事実と偽って言論空間に流し込む。これを放置すれば、言葉への信頼は失われ、開かれた言論は死に至るだろう。虐殺否定論への注意喚起は言論空間を守るためにも必要な作業であることを、このとき理解した。

今回、サイトやブログから一歩進んで、虐殺否定論の解明を一冊の本にまとめることにしたのは、書籍にしかできないことがあると考えたからである。後で紹介するように、ノンフィクション作家の工藤美代子・加藤康男夫妻が書いた朝鮮人虐殺否定論の本が右翼政治家らによって議会などで取り上げられ、虐殺をめぐる教育や追悼行事をつぶしていくために大いに活用されてきた。それができたのは、そこに〝本が存在する〟ことの重みがあるからだろう。虐殺否定本は、今も全国の図書館の棚に涼しい顔で納まっている。だとすれば、そのトリックを明らかにする本をまとめ、書店や図書館に、さらにはメディアや行政の担い手たちに届ける必要があると、私たちは考えたのである。

本書は大きく3章で構成されている。

第1章では、ネット上で拡散する朝鮮人虐殺否定論について、それがどのように間違っているかを説明する。

第2章では、虐殺否定論が工藤美代子・加藤康男夫妻が発明した〝トリック〟であることを示し、彼らの著書に仕掛けられたトリックの数々を明らかにする。

そして第3章では、虐殺否定論が現実社会にすでにどれほど浸透し、危険な役割を果たしているかを見ていく。

巻末には、内閣府中央防災会議の専門調査会がまとめた報告『1923関東大震災【第2編】』から、朝鮮人虐殺に関連する部分を収録した。史実を真面目に受け止め、考えていくための出発点として、参考にしていただければ幸いである。

目次

第2章 虐殺否定論はトリックである 77

第3章 虐殺否定論は社会を壊す 117

凡例

- 史料の引用にあたっては、「不逞（ふてい）」「鮮人（せんじん）」など差別的意味を持つ用語についても歴史的観点からそのまま記載する。
- 史料引用においては、読みやすさを重視して適宜改めている（例：漢字およびカタカナ表記をひらがな表記とする、改行を付加する、など）。
- 引用における「／」は原典に改行があることを示す。
- 引用における「…」は省略を示す。
- 史料出典については煩雑でない範囲で適宜表記する。
- 「工藤夫妻」は、本文中で『なかった』と表記する書籍の著者の総称である（第2章で詳述）。

第1章 虐殺否定論はネット上のフェイクである

1923年（大正12年）9月に起きた関東大震災直後、流言を信じた民衆や軍によって、おびただしい数の朝鮮人が虐殺されたことはよく知られている。

ところが、「朝鮮人虐殺」などのワードでネット検索すると「朝鮮人虐殺などなかった。捏造だ」といった主張がたくさん出てくる。「虐殺はなかった」とはどういう意味だろうか。「震災直後に朝鮮人テロリストが暴動を起こしたのは流言ではなく事実だ」、あるいは「強盗や強姦といった凶悪犯罪を行う朝鮮人が多かったのだ」「だから日本人は自衛のために反撃したのであって、それは虐殺とは言えない」ということのようだ。

第1章では、こうした主張の妥当性を吟味してみよう。

はじめに

関東大震災時の朝鮮人虐殺とは、どのような事件だったのか

そもそも関東大震災時の朝鮮人虐殺事件とはどのような出来事だったのか。虐殺否定論を吟味する前に、事件の大まかな流れを押さえておく必要があるだろう。

関東大震災が発生したのは、1923年(大正12年)9月1日午前11時58分。震源は相模湾一帯で、マグニチュード7・9、最大震度7。昼食時で、しかも折からの強風にあおられたことで、各地で発生した火災は瞬く間に広がり、3日朝まで続いた。これにより東京市の44%、横浜市に至っては80%が焼失した。被災者は約340万人、死者は約10万5000人に上った。

火災に追われた人々は日比谷公園や上野公園、皇居前、荒川河川敷など、広大で延焼の恐れのない場所に流れ込んだ。火災が広がらなかった地域へも、続々と人の波が押し寄せていく。政府はこうした事態が政治的混乱につながることを恐れて、翌2日には東京市と東京府下の5郡で戒厳令を施行する。戒厳令は、翌3日には東京府全域と神奈川県に、4日には千葉県、埼玉県に拡大された。

焼け残った街も群衆であふれた避難場所も、日没後には停電によって闇に沈む。都心

方向の空は、燃え続ける炎によって赤く染まっている。人々の不安と怒りが様々な流言を生む。その中の一つが、大きく膨らんでいった。「朝鮮人が暴動を起こしている」「井戸に毒を入れている」。この流言は手の込んだディティールを加えながら、各地に広がっていった。炎のなかで缶詰がはじけたり、薬品が爆発する音を、人々は朝鮮人が爆弾を投げているのだと解釈した。

2日以降、「朝鮮人暴動」流言は各地で朝鮮人への迫害に帰結する。上野公園や荒川河川敷のような避難場所では群衆が朝鮮人を見つけ次第に襲い、被災していない地域では自警団が結成されて検問を行い、「15円50銭」と発音できない者を竹やりや日本刀で殺害したりした。

行政機関もこの事態を拡大した。現場の警察官たちは流言を信じて行動し、そうした各地の警察署から上がってくる報告を受けた警視庁も、いったんは「朝鮮人暴動」を信じ、2日夕方には「不逞(ふてい)者に対する取締を厳」にせよとの通牒(つうちょう)を発する。それがまた現場へとフィードバックする。治安のトップである内務省警保局は「朝鮮人は各地に放火し、不逞の目的を遂行せんと」しているとの電報を全国に発した。

戒厳令で各地に進駐した軍部隊も、当初、朝鮮人暴動の実在を信じて行動し、軍による虐殺事件も各地で起きた。亀戸(かめいど)署では日本人労働活動家10人と朝鮮人数十人が軍によって虐殺される。こうした軍の行動そのものが、さらに流言にお墨付きを与えた。

警察や軍が朝鮮人暴動の実在を否定し始めるのは3日のことだ。いくら調べても朝鮮人のテロや重大犯罪の痕跡が見当たらなかったのである。この日、戒厳司令部は、〝朝鮮人が放火を働いたという事実がないわけではないが、軍隊が配置された今はもう大丈夫なので、朝鮮人が襲撃してくるといった「出所不明の無頼の流言蜚語（りゅうげんひご）」に惑わされて「軽挙妄動」をしてはならない〟という、どっちつかずではあるがとにかく虐殺を抑止する方向の訓示を出す。

同時に政府は「朝鮮人にして容疑の点なき者に対して、之を保護する方針を採り、成るべく適当な場所に集合避難せしめ…容疑の点ある鮮人は悉く（ことごとく）之を警察又は憲兵に引渡し適当処分すること」との方針を打ち出し、東京周辺で朝鮮人の総検束を開始する。各地の警察署などに朝鮮人が収容された。

その後もしかし、虐殺は至るところで続いた。被災者が千葉や埼玉などに避難することで、流言もまたそれらの地域に拡散する。埼玉、千葉、群馬でも各地で虐殺が行われた。数十人から百人以上が殺される事件もあった。

こうした中、政府はようやく虐殺を防ぐ対応を取り始める。3日には内務省が新聞社に対して朝鮮人関係の記事は「訛伝（かでん）」が多いので掲載するなと警告し、4日には各地の警察署などに分散して収容されている朝鮮人を習志野捕虜収容所などに集めて保護することを決定。5日には山本権兵衛首相が朝鮮人への迫害を「自重」するようにと強く求める内閣告諭を発し、戒厳司令部は自警団の武器携帯を禁止し、「不逞鮮人（ふていせんじん）が襲来するの噂は事実無根である流言に迷はさるるなかれ」と呼びかけるビラを配布した。7日には、出版報道を含め流言浮説を罰する緊急勅令（治安維持令）が発せられる。

こうして、震災から1週間が過ぎるころになって、ようやく虐殺は収束していった。

9月下旬以降、虐殺事件の容疑者検挙が始まる。10月20日には朝鮮人関連の報道が解禁され、各地で起きた虐殺事件が新聞で大々的に報じられた。しかし、流言拡散についての責任追及や朝鮮民衆の反発を恐れる政府が虐殺事件のわい小化や隠蔽(いんぺい)に努める方針を採ったことから、検挙・起訴は一部の事件にとどまり、判決でも被告の量刑は軽いものとなった。政府は行政機関の責任について明らかにすることはなく、被害の全貌について調査することもなかった。そのため、今に至るも正確な死傷者数は不明のままである。朝鮮人被殺者のほとんどは、名前すら明らかになっていない。

なお、多くの日本人や中国人が、朝鮮人に間違えられて殺されているほか、3日には現在の東京・江東区東大島(おおじま)で、混乱に乗じて中国人労働者200人以上が計画的に虐殺される事件も起きている。

2008年、内閣府中央防災会議の専門調査会がまとめた「1923関東大震災【第2編】」【➡付録②】は、虐殺事件について多くの紙幅を費やして検証し、その背景として朝鮮人に対する「無理解と民族的な差別意識」を指摘し、「過去の反省と民族差別の解消の努力が必要」であるとともに、「流言の発生……が現在も生じ得る事態であることを認識する必要がある」と指摘した。

1章 1

「朝鮮人虐殺はなかった」という「説」は存在しない

「諸説あってはいけないのですか?」

（朝鮮人追悼碑の撤去を要求している右翼団体「そよ風」ブログから）

ポイント

◉ 歴史学の世界には「朝鮮人虐殺はなかった」などという「学説」は存在しない。「源義経が大陸に渡ってジンギスカンになった」という「説」が相手にされないのと同じ。

◉ 「新しい歴史教科書をつくる会」の理事を務めた伊藤隆・東大名誉教授でさえ、朝鮮人虐殺について記述している。左右を問わない、常識に属する史実なのである。

◉ 内閣府中央防災会議の専門調査会がまとめた『1923関東大震災【第2編】』【➡付録②】では、朝鮮人虐殺について大きく取り上げ、「民族差別解消の努力」などの教訓を掲げている。

解説

「朝鮮人虐殺はなかった」という「説」は存在しない

世の中には、源義経は平泉で死なずに大陸に渡ってジンギスカンになったのだとか、アポロ11号は実は月には行っていないとか主張する人々がおり、そういう本がある。では、こうした主張が歴史学の世界で「学説」として認められているかといえば、そんなことはない。何でも主張さえすれば「学説」として認められるわけではないのだ。

「朝鮮人虐殺はなかった」とか「朝鮮人暴動はデマではなく事実だった」などという主張も同様だ。関東大震災直後、流言によって多くの朝鮮人が殺されたことを否定する「説」は歴史学の世界には存在しない。

朝鮮人虐殺は中学の教科書にも出てくる。採用率トップの東京書籍版にはもちろん、安倍首相イチオシの、フジサンケイグループ系の育鵬(いくほう)社版などにも記述がある【⬇資料1・2】。

保守派の歴史学者であっても、関東大震災時に多くの朝鮮人が流言によって虐殺されたことを否定しようとは思いもしない。たとえばこちらの文章だ。

関東大震災による極度の混乱の中で、この機会に乗じて朝鮮人が立ちあがり暴動を起こしたというデマがどこからともなく広がり、的確な情報を失っていた民衆の間に受け入れられていった。朝鮮人や社会主義者が放火をしている、井戸に毒を投げ込んでいるといったまったく根拠のないデマは、異常な心理状態に陥っていた被災民に信じられ、各地で自警団を組織し、朝鮮人をみつけると捕らえたり殺したりするという驚くべき事態が発生した。その結果、ほぼ6000人とい

われる朝鮮人が殺されたといわれる

(『日本歴史大系5近代II』山川出版社、1989年、「第3章　中間内閣と政党内閣」)

これは、かつて「新しい歴史教科書をつくる会」の理事を務め、現在も育鵬社の歴史教科書の編集に参加している伊藤隆・東京大学名誉教授が書いた文章である。

あるいは、安倍政権の下で「安保法制懇」の座長も務め、集団的自衛権行使容認のために尽力した保守系の歴史学者である北岡伸一・東京大学名誉教授も、次のように書いている。

東京は無政府状態に陥り、その中で朝鮮人が井戸に毒を入れたなどというデマが広がり、多数の朝鮮人が殺されるという悲劇が起こった。その数は千を超えるといわれている。治安維持のため、戒厳令が布かれたが、責任を果たすべき警察や軍隊が違法な行動をした。朝鮮人のほかに多くの中国人も殺された

(『日本の近代5　政党から軍部へ　1924~1941』中央公論新社、1999年)

こちらはその後の研究を反映して、軍や警察の「違法な行動」についても言及している。リベラルな歴史学者については言うまでもないだろう。たとえば成田龍一『大正デモクラシー』(岩波新書・2007年)にも、虐殺についての記述がある。

2008年、自民党政権下で内閣府中央防災会議の専門調査会が作成した『1923関東大震災【第2編】』【⬇付録②】でも、流言の拡大と朝鮮人虐殺についてくわしく書かれている。そこには「関東大

中学社会教科書の関東大震災・朝鮮人虐殺記述

資料1

歴史の窓　関東大震災

1923年9月1日，関東地方を大地震が襲い，東京・横浜をはじめ，関東一円は地震と火災による大きな被害を受けました。被災した家屋は約37万戸，死者・行方不明者は10万人以上に達しました。混乱のなかで，「朝鮮人が暴動を起こす」などの流言が広がり，住民の組織した自警団や警察・軍隊によって，多くの朝鮮人や中国人が殺害される事件が起こりました。また，社会主義者や労働運動家のなかにも，殺害された人がいました。関東大震災からの復興の過程で，鉄筋コンクリート造りの建物が増えるなど，首都・東京の景観は大きく変わっていきました(p.230→)。

⬆関東大震災直後の東京・日比谷

教育出版［中学社会］

「朝鮮人暴動」流言、警察や軍の関与、中国人や社会主義者らの被害にも言及。

育鵬社［中学社会］

「自警団など」の表現で軍や警察の関与を示唆か。教師用指導書では「井戸に毒」というデマや警察や軍隊が「警戒を呼びかけた」ことを指摘。

資料2

関東大震災　1923(大正12)年9月1日，関東地方で発生した大地震は東京・横浜という人口密集地を直撃しました(**関東大震災**)。この地震は死者・行方不明者10万数千人，焼失家屋約45万戸という大被害をもたらしました。交通や通信がとだえた混乱の中で，朝鮮人や社会主義者が，住民たちのつくる自警団などに殺害されるという事件もおきました。震災後の東京は，後藤新平らによって新たな都市計画が進められました。

震災時には、官憲、被災者や周辺住民による殺傷行為が多数発生した。武器を持った多数者が非武装の少数者に暴行を加えたあげくに殺害するという虐殺という表現が妥当する例が多かった」「中心をなしたのは朝鮮人への迫害であった」「軍、警察、市民ともに例外的とは言い切れない規模で武力や暴力を行使した」「日本の災害史上、最悪の事態」だったと記されている。言うまでもなく、中央防災会議の報告であるから、これまでの研究の蓄積の上に立ってあくまでも慎重に書かれたものだ。

歴史学だけではない。社会学においても、関東大震災時の「朝鮮人暴動」流言は古典的な流言事例としてしばしば取り上げられてきた。「朝鮮人暴動はデマではなく事実だった」「朝鮮人虐殺などなかった」などという主張は、こうした歴史学や社会学の常識、というより中学教科書レベルの常識に反しているのだ。

⑤【図版】関東大震災

ねらい…関東大震災の被害やその後の政府の対応について関心をもち，当時の状況を調べることで自然災害発生時の対応について意見をもたせる。

解説》…1923（大正12）年９月１日，地震発生直後の東京市・日比谷交差点付近のようす。すでに後方から煙が上がり，有楽町方面で火災が発生している模様を伝える。午前11時58分に発生した直下型地震はマグニチュード7.9，震源地を相模湾西部とする巨大地震であった。関東大震災とは地震とそれに伴う火災などの総称。死者は９万9000人を超え，全壊戸数は12万8000戸以上となった。

東京市の被害のみならず横浜市の被害も甚大で，全戸数の95％以上が被害を受けた。情報の混乱を招き，流言飛語が広まった。在日朝鮮人が毒物を井戸に混入したなどのデマが流布し，警察や軍隊が警戒を呼びかけたため，各地で朝鮮人・中国人への逮捕・暴行が相次いだ。震災当時，東京だけで8000人の朝鮮人が居住しており，下町を中心に殺害行為が起こった。また，社会主義者への虐殺も混乱の最中に発生している。亀戸事件や甘粕事件が代表例。

戒厳令が敷かれ，対応を迫られた第２次山本権兵衛内閣は緊急勅令を発するも，経済の混乱が拡大。復興のための震災手形の発行はこの後の金融恐慌の遠因となってしまった。

主な参考文献：波多野勝『濱口雄幸』（中公新書），山田　朗『歴史文化ライブラリー　第18巻』（吉川弘文館），有馬学『日本の近代　第４巻』（中央公論新社），北岡伸一『日本の近代　第５巻』（中央公論新社），加藤陽子『戦争の日本近現代史』（講談社現代新書），小松裕『全集日本の歴史　第14巻』（小学館），御厨貴編著『近現代日本を史料で読む』（中公新書）

［新編］新しい日本の歴史
教師用指導書
育鵬社

1章 2

虐殺の史実を伝えているのは「証言だけ」ではない

「関東大震災で朝鮮人・中国人の虐殺があったことは実証されてるんですかぁ? 証拠はあるの? 証言だけはダメだよ」

Ｙａｈｏｏ！知恵袋＝２０１３年8月28日の書き込み

ポイント

- 司法省による起訴事件リスト、朝鮮総督府の被殺者「見込数」リスト、戒厳司令部詳報の軍による殺傷事例リスト、警視庁や内務省の震災総括などの公的文書が残されている。

- 司法大臣、神奈川警備隊司令官、横浜地裁判事など、政府や地方行政、軍の要人たちが虐殺に言及している。

- 一般人の証言は『関東大震災朝鮮人虐殺の記録　東京地区別1100の証言』という大著があるほど膨大に残されている。経営者や文化人など、著名人の証言も多い。

解説

虐殺の史実を伝えているのは「証言だけ」ではない

ネットを見ていると、朝鮮人虐殺があったことを伝えているのは「証言だけ」だと思い込んでいる人が少なくないようだ。だがこれは完全な間違いだ。無数の証言のほかに、多くの行政文書、司法記録、当時の報道などに虐殺の記録が残されている。

まず、朝鮮人を殺傷したことで日本人が起訴された事件が、少なくとも53件は存在する。司法省が作成した「震災後に於ける刑事事犯及之（およびこれ）に関連する事項調査書」（以下、「司法省報告」）姜徳相（カンドクサン）／琴秉洞（クムビョンドン）編『現代史資料6　関東大震災と朝鮮人』みすず書房・1963年収録）という文書に、「鮮人を殺傷したる事犯」というタイトルで朝鮮人襲撃事件のリストが掲載されている。司法省報告は震災2ヵ月後の11月に作成されたもので、12月に始まる帝国議会に向けて司法省の見解をまとめたものと見られている。前述のリストには、日時、場所、犯人と被害者の名前と併せて、事件の内容が「棍棒または割木にて乱打し殺害す」「日本刀をもって斬り付け殺害す」といった具合に短く記されている。このリストに見える朝鮮人被殺者数を合算すると233人になる（負傷者42人）。司法省報告には、この他に、朝鮮人に間違えられて日本人が襲われた46件の事件（被殺者58人）、中国人4件（同3人）の起訴事件のリストも掲載されている。

ちなみに、このリストについて注意しておきたいのは、「233人」という数字は関東大震災時に殺された朝鮮人の総数ではないということだ。あくまで立件された事件の死者数を合算したものにすぎない。朝鮮人虐殺では、刑事事件として立件されたのはごく一部であって、「朝鮮人が受けた迫害としては一部分にとどまる」（中央防災会議専門調査会報告『1923関東大震災【第2編】』）のである。起訴された虐殺事件の一部については公判記録が残っており、研究者がまとめた史料集成で読むことができる。

朝鮮総督府が独自に「内査」した結果も残されている。それによれば、殺された朝鮮人の「見込数」は東京府だけで約300人、関東一円で813人（朝鮮総督府警務局「関東地方震災ノ朝鮮ニ及ホシタル状況」）【↓資料3】。

軍による殺害については、「戒厳司令部詳報」の中に軍自身がまとめた「震災警備ノ為兵器ヲ使用セル事件調査表」がある。これによれば、軍が殺害した朝鮮人と日本人、中国人の数は合計で271人に上る（実際にはもっと多かっただろう）。

その他、警視庁が1925年にまとめた『大正大震火災誌』【↓資料4】や内務省『大正震災志』（1926年）などでも、朝鮮人への迫害や殺傷について記述されている。

政府や行政機関などの要人が書き残した文章も少なくない。たとえば震災翌日に司法大臣に就任した田健治郎は、震災5日後の9月5日に書いた日記の中で、朝鮮人虐殺について触れている【↓資料6】。

そこには、

> 「震災激甚、人心危惧の結果、流言蜚語盛んに起こり、なかんづく、朝鮮人に対する虚構的反感、大いに人心を動揺させ、所在鮮人を殺戮し、すでに三百人に上り、その勢いの趨く所、無辜の鮮人まさに挙げて俎上の肉となす」
>
> 「使節が告げるところによれば、大川端において鮮人六十名、亀戸において鮮人約二百名、熊谷駅において百六十人、訛伝のため故なく虐殺」

されたとある。「虚構的反感」のために、罪もない朝鮮人たちが各地で殺されているというのだ。警視庁監察官や横浜地方裁判所の判事たち、さらにはフランス駐日大使で詩人のポール・クローデルなども、朝鮮人の迫害や殺傷を目撃したと書き残している。

そもそも、否定論者が軽んじてみせる「証言」だが、その量は一般に考えられているよりもはるかに多く、膨大に残っていると言ってよい。なにしろ、様々な刊行物に残された虐殺・迫害の証言を集めた『関東大震災朝鮮人虐殺の記録　東京地区別1100の証言』（西崎雅夫・現代書館・2016年）という500頁を超える大著があるほどなのである。

虐殺の記憶は、文芸評論家の中島健蔵や女優の清川虹子、シャープ創業者の早川徳次などのような著名人の回想にも登場するし、横浜市や品川区などの自治体がまとめた震災体験集や江戸東京博物館による住民の聞き取りでも語られている。さらには在日朝鮮人団体による被害者の証言記録、市民団体などによる地域での聞き取りがある。戦後に自民党県議となった元巡査による虐殺の目撃証言も残っている。1998年には、千葉県八千代市で住民が残した手記に基づいて虐殺現場を発掘したところ、遺骨が発見され、警察で調べた結果、当時の遺体であることが確認されている（朝日新聞1999年1月12日付）【⬇資料5】。

もちろん、これらの証言が当時起きたことを全て正確に伝えているとは言えないだろう。

それでも、数多く残された行政文書や司法記録、目撃証言を見れば、流言が事実ではなかったこと、にもかかわらず罪のない朝鮮人が関東地方の至るところで理不尽に殺されたこと自体は、否定しようがないのである。

朝鮮総督府警務局『関東地方震災ノ朝鮮ニ及ホシタル状況』

『関東大震災朝鮮人虐殺問題関係史料4』収録

資料3

大正十二年十二月

関東地方震災ノ朝鮮ニ及ホシタル状況

朝鮮總督府警務局

極秘

震災當時ニ於ケル不逞鮮人ノ行動及被殺鮮人ノ數之ニ對スル處置

イ震災地ノ概況

（乙）被殺鮮人ノ數

混乱ノ際ナリシト且之等ノ被殺死体ハ一般死体ト共ニ速ニ埋火葬ニ附セラレ死因ノ辨別ニ苦シム等的確ナル數判明セス

内務省ニ於テ調査シタルモノ及本府東京出張員ノ手ニテ内査シタル見込數ヲ示セハ左ノ如シ

朝鮮人被殺人員表

府縣別	内務省調（十月三十一日調）	見込數
東京	六三人	約三〇〇人
神奈川	一	約一八〇
埼玉	約九七	一六六
栃木	一〇	約三〇
群馬	一八人	約四〇人
千葉	約五九	八九
茨城		五
長野		三
計	二四八	八一三

備考 一 神奈川縣ハ尚調査中ナリト

5

資料4

第五章　治安保持

第一節　流言蜚語ノ取締

震火災ニ依リテ、多大ノ不安ニ襲ハレタル民衆ハ、殆ンド同時ニ、又流言蜚語ニ依リテ戰慄スベキ恐怖ヲ感ジタリ、大震ノ再來、海嘯ノ來襲、鮮人ノ暴動ナド言ヘルモノ即ソレナリ。大震、海嘯ノ流言ハ、深キ印象ヲ民衆ニ與フル程ノ力ヲ有セザリシト雖モ、鮮人暴動ノ蜚語ニ至リテハ、忽チ四方ニ傳播シテ、流布ノ範圍亦頗ル廣ク、且民衆ノ大多數ハ概ネ有リ得ベキ事ナリトシテ之ヲ信用セシカバ、纔ニ震火災ヨリ免レタル、生命、財産ノ安全ヲ確保センガ爲メニ、期セズシテ、各々自警團ヲ組織シ、不逞者ヲ撃滅スベシトノ標語ノ下ニ、鮮人ニ對シテ猛烈ナル迫害ヲ加ヘ、勢ノ激スル所、終ニ同胞ヲ殺傷シ、軍隊警察ニ反抗スルノ慘劇ヲ生ジ、帝都ノ秩序將ニ紊亂セントス。而シテ、之ガ爲ニ、罹災地ノ警戒及ビ避難者ノ救護上ニ非常ナル障碍ヲ生ジ

第一節　流言蜚語ノ取締　四四一

警視庁「大正大震火災誌」

1925年刊。警視庁が震災期の活動の記録としてまとめたもの。ウェブサイト「国会図書館デジタルコレクション」を通じて、ＰＣやスマートフォンで読むことができる。

遺骨掘り起こし、慰霊へ

関東大震災直後の朝鮮人虐殺

関東大震災直後に朝鮮人虐殺があった千葉県八千代市高津地区の住民たちが、震災から七十五年を経て、犠牲となった朝鮮人の遺骨とみられる六体を掘り起こした。虐殺に加わったのは地域の人々だったため、抵抗感があったが、「過ちを二度と繰り返さない」という気持ちでまとまった。慰霊碑の建立も計画している。

地域の過ち 繰り返さぬ

遺骨は昨年九月、住宅街の一角で掘り起こされた。パワーショベルを使って八時間かかった。約二㍍掘った土中にあった骨は、大たい骨や歯を除いて、ほとんどの部分が粉々に砕けていた。

「八千代市の歴史」(市史編さん委員会編)や、調査を続ける市民団体などによると、震災直後の一九二三年九月上旬、地域の朝鮮人らは現在の習志野市にあった陸軍施設に収容された。その後、「取りに来い」という収容所からの連絡で十八人を引き取った。「殺せということだと思った」という住民らは、うち六人を刀で切るなどして殺したとされる。

古老の記憶などから、殺害され、遺体が埋められた場所を特定した。人数が調査と一致することや、警察の検視で遺骨が死後、数十年たっていたことから、虐殺された朝鮮人に間違いないと判断した。

遺骨の掘り起こしは、七八年の市民団体の調査がきっかけになり、持

千葉・八千代市住民ら 「親も加担」抵抗感を克服

ち上がったが、この活動に不快感を示す人が多かった。同年から、現場で慰霊祭を始めたが、住民は五人ほど参加するだけだった。江野沢隆之市議(五三)は「親が虐殺に加わった人もいる。事件を口にしづらい雰囲気があった」という。

しかし、昨年の地区の総会では「子や孫の代までこの問題を残してはならない」との考えに傾いた。数百万円の費用は、地区で積み立てているお金をあてることを全員一致で決めた。

「心の中では、きちんと供養すべきだ、とみんな思っていた。時代が流れ、先人たちの行動よりも、軍に逆らえなかった、当時の異常さが問題だった、と考え方が変わってきた」。虐殺当時の記憶が残る男性(八三)は話した。

遺骨は十月、在日韓国・朝鮮人の団体の代表も列席し、火葬された。遺灰は現在、高津地区の観音寺に安置されている。

観音寺住職の関光禅さん(六九)は語る。「来日した韓国の金大中大統領が『過去の不幸な歴史を乗り越え、未来志向的な関係を発展させていこう』と語った時期に、私たちも犠牲者を弔った。過ちを二度と繰り返さないように、次の世代に語り継いでいきたい」

関東大震災と朝鮮人虐殺
震災が起きた一九二三年九月一日夜から、全国で六千人を超える朝鮮人が、軍隊や警察、自警団らによって虐殺されたとされる。東京などで流れた「朝鮮人と社会主義者が暴動を起こし、各地で放火や暴行を繰り返している」などというデマ情報が数日の間に全国に広がり、虐殺につながった。千葉県習志野市では、朝鮮人保護の名目で軍が収容所を設けたが、抵抗した人が虐殺され、付近の住民も加担させられたとされる。

資料5 1998年9月、千葉県八千代市で関東大震災直後に殺害された朝鮮人6人分の遺骨が、地域の人々によって発掘された。遺骨は地域の寺院に収められ、翌年には慰霊碑が建立された。
[朝日新聞 1999年1月12日]

資料6

田健治郎日記1923年9月5日条
(憲政資料室所蔵)

震災激甚、人心危惧の結果、流言蜚語盛んに起こり、なかんづく、朝鮮人に対する虚構的反感、大いに人心を動揺させ、所在に鮮人を殺戮し、すでに三百人に上り、その勢いの趨(おもむ)く所、無辜の鮮人まさに挙げて俎上の肉となす

田健治郎(でん・けんじろう)

1855年生まれ、1930年没。愛知・神奈川・埼玉の各県庁、逓信省などを経て1901年に衆議院議員に、さらに06年には貴族院議員に勅選される。19年から23年まで台湾総督。震災翌日の同年9月2日に発足した第2次山本権兵衛内閣では、司法大臣と農商務大臣を兼任した。日記の9月5日条は、司法大臣として在任中のものということになる。漢文調の文章でつづられているが、宮地忠彦『震災と治安秩序構想』(クレイン、2012年)を元に訳した。

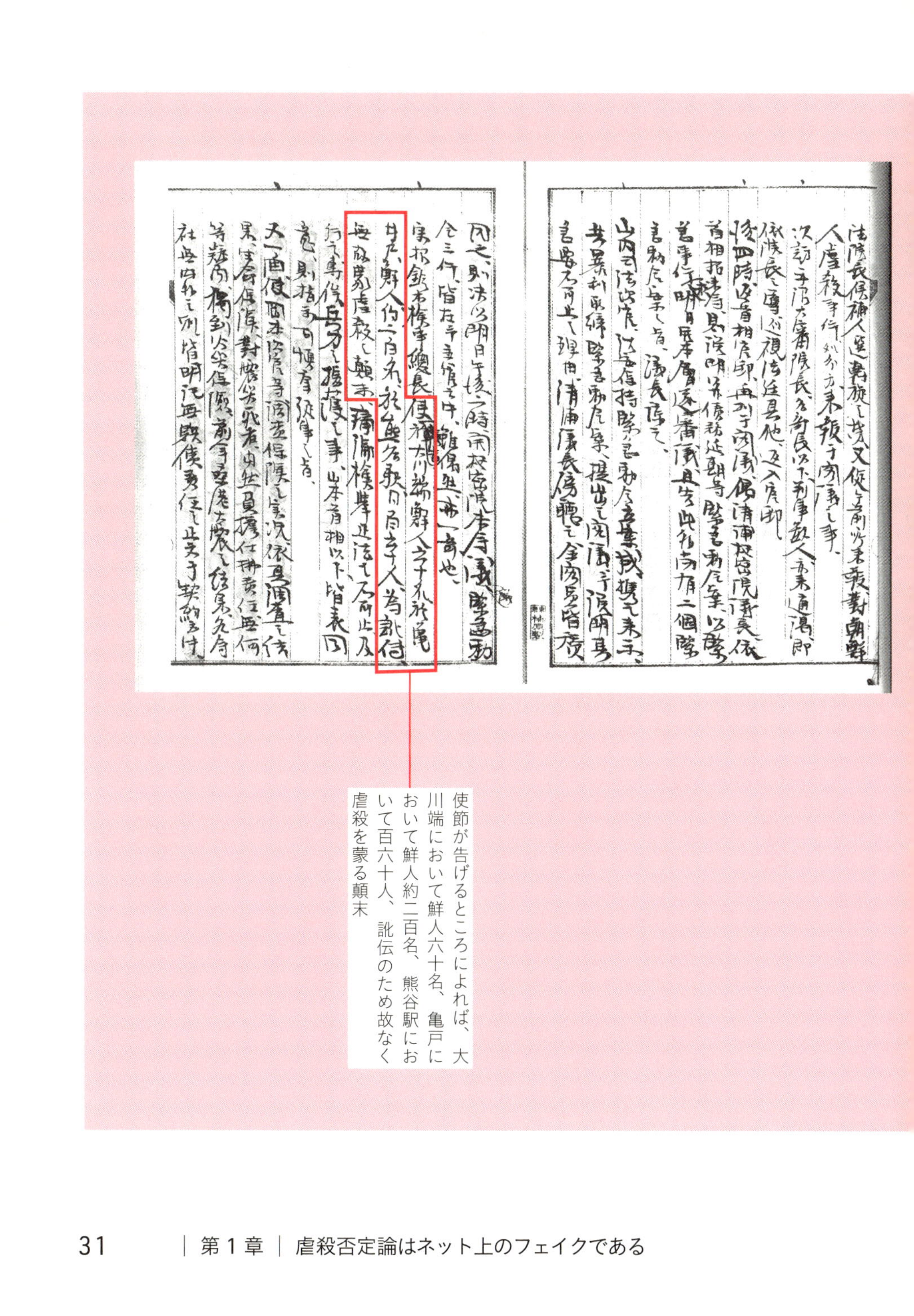

使節が告げるところによれば、大川端において鮮人六十名、亀戸において鮮人約二百名、熊谷駅において百六十人、訛伝のため故なく虐殺を蒙る顛末

「朝鮮人暴動はデマではなく事実」というデマ

「関東大震災朝鮮人暴動はデマではなく実話！朝鮮人テロリストの襲撃」

（ニコニコ動画　２０１２年２月17日の投稿）

1章 3

ポイント

- 司法省は「一定の計画の下に脈絡ある非行をなしたる事跡を認め難し」としてテロや暴動の存在を否定。警視庁の震災総括はじめ、多くの行政文書も「朝鮮人暴動」流言を否定。
- 震災の翌月以降、朝鮮人の暴動やテロなどが事実無根であったことは当たり前の認識に。保守派言論人の徳富蘇峰も「朝鮮人大陰謀」の「流言蜚語」を「遺憾とす」と書いている。
- 朝鮮人が集団で暴動を起こしたり、放火をしているのを「自分がこの目で見た」という目撃証言は一つも残っていない。

解説

「朝鮮人暴動はデマではなく事実」というデマ

関東大震災直後、朝鮮人が暴動を起こしたという流言を信じた民衆や軍によって、多くの朝鮮人が各地で虐殺された。ところがネット上では、しばしば、「朝鮮人が暴動を起こしたのは事実だ」と主張する人を見かける。もっともらしく「私は朝鮮人虐殺があったことを否定しているのではない。朝鮮人暴動も事実だったと言っているだけだ」などと言う人もいる。いずれにしろ彼らは、朝鮮人が暴動を起こしたり、放火をしたり、井戸に毒を入れたりしているという震災直後の流言を、事実だと考えているのである。

だがもちろん、これらの流言は事実無根だった。当時だって、震災の数ヵ月後には誰も信じなくなったのだ。

まずは行政機関の文書を見てみよう。先に紹介した、司法省の「震災後に於ける刑事事犯及之に関連する事項調査書」（1923年11月）は、「朝鮮人暴動」流言について、「一定の計画の下に脈絡ある非行をなしたる事跡を認め難し」と否定している。震災下に組織的な暴動やテロがあった痕跡はないというのだ。

震災から2年後の1925年（大正14年）に警視庁がまとめた『大正大震火災誌』は、朝鮮人虐殺事件について次のように総括している【➡資料4】。

震火災によりて、多大の不安に襲はれたる民衆は、ほとんど同時に、また流言蜚語によりて戦慄すべき恐怖を感じたり。大震の再来、海嘯（かいしょう）（津波）の来襲、鮮人の暴動などと言えるものすなわちそれなり。大震海嘯の流言は、深き印象を民衆に与ふる程の力を有せざりといえども、鮮人暴動の蜚語に至りては、たちまち四方に伝播して流布の範囲またすこぶる広く、かつ民衆の大多数はおおむね有り得るべき事なりとしてこれを信用せしかば纔に震火災より免れたる、生命、財産の安全を確保せんがために、期せずして、各々自警団を組織し、不逞者を撃滅すべしとの標語の下に鮮人に対して猛烈なる迫害を加え、勢の激する所、ついに同胞を殺傷し、軍隊警察に反抗するの惨劇を生じ、帝都の秩序まさに紊乱せんとす。而して、これがために、罹災地の警戒および避難者の救護上に非常なる障碍を生じたるのみならず、延て朝鮮統治上に及ぼしたる影響もまたはなはだ多く、誠に聖代（天皇の治世）の一大恨事たり

要約すると、朝鮮人暴動という流言を信じた人々が自警団を組織し、朝鮮人に猛烈な迫害を加え、ついに殺傷事件に至った、これは大変な痛恨事だったというのである。

壊滅状態の横浜に進駐した神奈川警備隊の司令官・奥平俊藏中将は、東京以上にひどかった横浜の朝鮮人迫害の背景にあった流言について、次のように回想している。

騒擾の原因は不逞日本人にあるはもちろんにして、彼らは自ら悪事をなし、これを朝鮮人に転嫁し事ごとに朝鮮人だと言う。（略）横浜に於ても朝鮮人が強盗強姦を為し井戸に毒を投げ込み、放火その他各種の悪事をなせしを耳にせるをもって、その筋の命もあり、傍々これを徹底的に調査せしに、ことごとく事実無根に帰着せり

（奥平俊蔵著／栗原宏編『不器用な自画像』柏書房・1983年）

朝鮮人が強盗強姦を行ったとか、井戸に毒を入れたといった噂を徹底的に調査したが、すべて事実無根だった。悪事をなしたのは「不逞日本人」だったというのである。

当時の安河内麻吉・神奈川県知事も、鎌倉、小田原、川崎といった各地の情勢を確かめた上で、「（流言は）事実無根」という結論を出している（「朝鮮人の動静に関する県知事安河内麻吉の報告」。神奈川県『神奈川県史　資料編11近代・現代（1）政治・行政1』神奈川県弘済会・1974年）。

メディアやジャーナリズムの認識はどうか。

徳富蘇峰は戦前の日本を代表する保守派ジャーナリストで、当時は国民新聞の社長だった。その国民新聞に掲載したコラムで、彼はこう書いている。

> 今回の震災火災に際して、それと匹すべき一災は、流言蜚語災であった……我が帝国のために遺憾とす」「かかる流言飛語——すなわち朝鮮人大陰謀——の社会の人心をかく乱したる結果の激甚なるを見れば……赤面せざらんとするもあたわず
>
> （国民新聞1923年9月29日付）

朝鮮人の陰謀といった流言蜚語が広がり、悲惨な結果をもたらしたことは、日本の恥だというのである。あるいは、作家の田中貢太郎は、震災の4ヵ月後に発行された『叙情日本大震災史』（教文社刊・1924年）の中で、朝鮮人虐殺について

九月一日夜から数日間の帝都およびその付近においては、未曾有の大震災とそれに伴って伝わったでたらめな流言飛語のために、すっかり度を失った民衆によって、まことに恥ずべきところの不祥なる出来事、戦慄すべき残虐事が至るところに現出された。／すなわち鮮人暴動の流言に血迷った自警団の鮮人および鮮人と誤った内地人に対する虐殺事件である

と書いている。

つまり、震災から数ヵ月が過ぎたころには、ほとんどの人が「朝鮮人暴動」は存在しなかったと考えるに至ったのである【➡資料7・8・9】。その理由は簡単だ。結局、誰も朝鮮人暴徒を見なかったからだ。東京や横浜のど真ん中で数百人の朝鮮人が暴動を起こしていたら、誰かが見ていなければおかしいが、「私がこの目で見た」という人はいなかったのである。

震災時の回想を読んでいると、朝鮮人暴徒がすぐ近くまで来ていると言われて竹やりを構えて待っていたのに、いくら待ってもついに誰も現れなかったという類の話に数多く出会う。反対に、暴徒が現れたのを「この目で」見たとか、井戸水に入れられた毒によって死んだ人を「この目で」見たという証言は、全く残っていないのである【➡資料10・11】。

資料7

鮮人に關する流言は無根

今回の大シンに當りて往々無根の流言を放ち人心を惑はす者がある其の甚だしき例を擧げると四日船橋に不逞鮮人三百名が上陸したと云ひ五日大崎町燒失したりと流言したる者がすあるが共に無根の事實て今後流言を云ひ振す者は治安維持の爲めに嚴重處分せらると（戒嚴司令部當局談）

国民新聞 1923年9月7日

資料9

鮮人の符號 それも嘘

清潔會社人夫の心覺え

先日來諸所の門柱塀等に符號らしいものが認めてあるのでテッキリ鮮人の暴行に用ふる符號ならんと

東京日日新聞 1923年9月8日

資料8

鮮人の爆彈 實は林檎

呆れた流言蜚語

湯淺警視總監語る

湯淺警視總監は卓上に二個のにぎり飯と福神漬けを置き水道の水をすゝつて鮮人暴行の浮說を慨歎して左の如く語る『この未曾有の變災に對し罹災民の狼狽するとは然るとながら鮮人暴行の風聲鶴唳に殆ど常軌を逸した行動に出づる者のあつたとは遺憾千萬である即ちその一例をいへば鮮人が爆裂彈をたづさへてゐるといふので捕へて見ればリンゴであつたこともありました一木喜德郎氏の付近の出來事であるが一民家に火を放つて酢をこぼしため主婦が之を綿にしめしかなだらひの中に入れて置いた所謂

東京日日新聞 1923年9月8日

早合点し中にはソノ符号に意味を付して青年団夜警等から町内にふれまはつた向きもあつたが調査の結果右は清潔會社の人夫が平常得意先の心覚え及び便所々在地の方面個数等の符號に用ひたものであることと判明した

●9月8日

資料11

第二編 各警察署ノ活動　　一〇七二

數時間ヲ出デズシテ、所謂自警團ノ成立ヲ見ルニ至リ、鮮人ノ本署ニ拉致セラルルモノ尠ナカラズ。更ニ其ノ日ノ午後ニ及ビテハ、鮮人等ハ東京全市ヲ焦土タラシメントシ、將ニ今夜ヲ期シテ燒殘地タル山ノ手方面ノ民家ニ放火セントストノ流言行ハレ、早稻田山吹町・鶴巻町方面ニ於テハ、恐怖ノ餘リ家財ヲ携ヘテ避難スルモノ多シ、是ニ於テ署長躬ラ部下ヲ率キテ同地ニ赴キ、民情ノ鎮撫ニ努メ、且ツ曰ク、本日爆彈ヲ携帶セリトテ同行セル鮮人ヲ調査スルニ爆彈ト誤解セルモノハ罐詰、食料品ニ過ギズ、其ノ他ノ鮮人モ亦遂ニ疑フベキモノナシ、放火ノ事、蓋シ訛傳ニ出ヅルナリトテ反覆説明スル所アリシモ、容易ニ之ヲ信ゼズ、是ニ於テ三日以來自警團ノ取締ヲ勵行シ、戎兇器ノ携帶ヲ禁止スルト共ニ、其ノ反省ヲ促スニ及ビ、漸ク平靜ニ復スルヲ得タリ。

警視庁「大正大震火災誌」
牛込早稲田警察
流言及び自警団の取締

第2編第22章「牛込早稲田警察署」中の「流言及び自警団の取締」から。

爆弾を携帯せりとて同行せる鮮人を調査するに**爆弾と誤解せるものは缶詰、食料品に過ぎず**、その他の鮮人もまた遂に疑うべきものなし

資料10

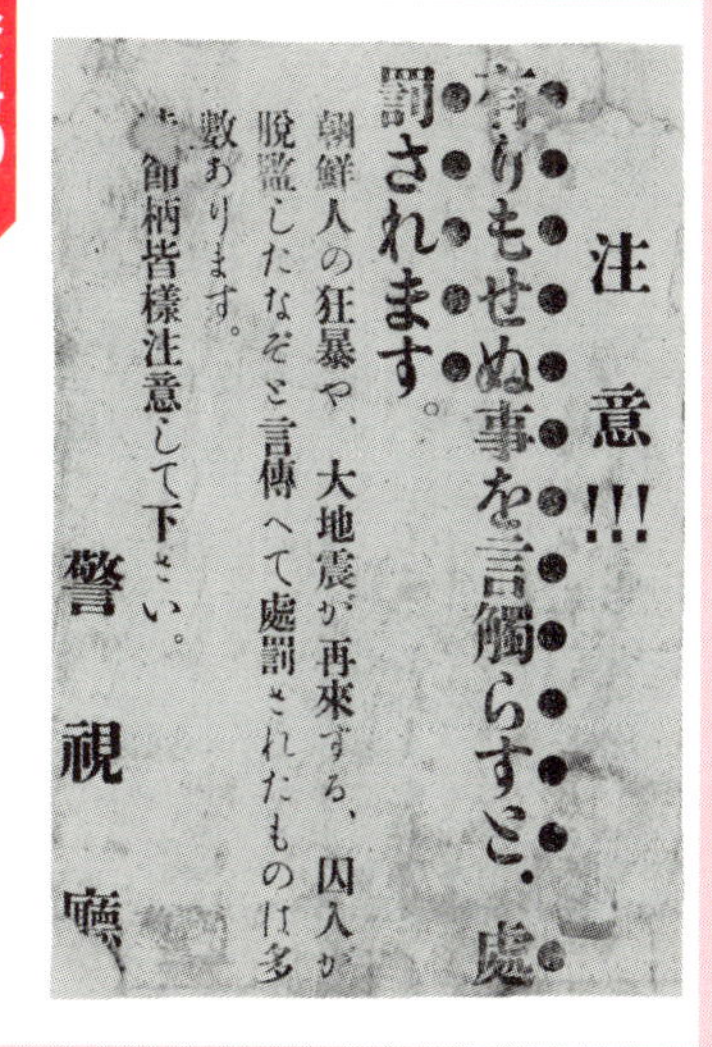

注意!!!

有りもせぬ事を言觸らすと處罰されます。

朝鮮人の狂暴や、大地震が再來する、囚人が脫監したなぞと言傳へて處罰されたものは多數あります。

節柄皆様注意して下さい。

警視廳

9月7日に警視庁が各地で配布した宣伝文。(東京都復興記念館所蔵)

ネットに出回る「朝鮮人暴動」記事は震災直後の誤報にすぎない

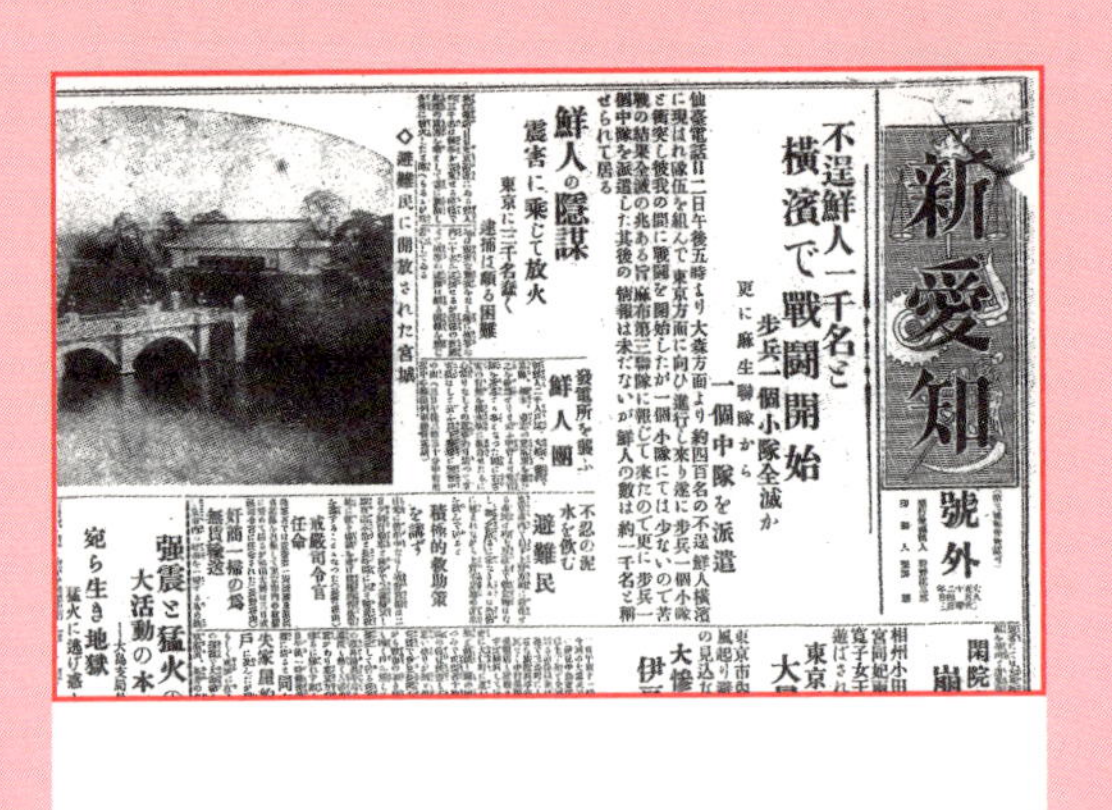
新愛知
號外
不逞鮮人一千名と
横濱で戰鬪開始
歩兵一個小隊全滅か
更に麻生聯隊から
一個中隊を派遣
鮮人の陰謀
震害に乗じて放火
東京に三千名潜入
逮捕は頗る困難
避難民に開放された宮城
發電所を襲ふ
鮮人團
避難民
強震と猛火
宛ら生き地獄

不逞鮮人1千名と横浜で戦闘開始
歩兵一個小隊全滅か／
鮮人の陰謀 震害(しんがい)に乗じて放火／
発電所を襲う鮮人団

（新愛知新聞　1923年9月4日号外）

【↓資料14】

ポイント

◉ 震災直後の混乱期には、「伊豆諸島沈没」「富士山爆発」「名古屋壊滅」といった誤報・虚報があふれた。ネットに出回る「朝鮮人暴動」記事も、震災直後のデマ記事にすぎない。

◉ 警視庁は震災から3日後、「朝鮮人の妄動に関する風説は虚伝にわたること極めて多く」として新聞各社に警告。その後、流言を罰する治安維持令が発せられると「暴動」記事も収束した。

◉ 「朝鮮人暴動」記事を含む当時の史料を集めた史料集成などはたいていの大学や図書館に置かれているが、歴史学者は誰もそれらの記事を「暴動」実在の証拠とは考えていない。

解説

ネットに出回る「朝鮮人暴動」記事は震災直後の誤報にすぎない

「屋根から屋根へ鮮人が放火して廻る」「主義者と鮮人一味上水道に毒を撒布」。ネット上では、こうした内容の震災直後の新聞記事の画像を見かける。これを見ろ、朝鮮人暴動はデマではなく、事実だったのだ！というのだ。つまるところ、これらの「朝鮮人暴動」記事の画像こそが、ネット上の朝鮮人虐殺否定論（正確に言えば、自警団の朝鮮人殺害は暴動への正当な反撃だったという主張）の、ほとんど唯一の〝証拠〟と言ってよい。教科書が教えない歴史の真実を、ネットが暴いたというわけだ。

だがちょっと冷静に考えてみよう。こうした大正時代の新聞記事は、どこからネット空間へと出現したのか。おそらくは図書館にある新聞史料集成などから誰かがコピーして、アップしたのだろう。では史料集成を編纂（さん）しているのは誰か。歴史分野の専門性を備えた出版社だろう。では、たいていは高価なそうした史料集成を購入しているのは誰か。大学の歴史研究者が多いのではないか。ではどうして彼らはこれを「朝鮮人暴動」の証拠だと考えてこなかったのか。

実はこうした「朝鮮人暴動」記事は、研究者の間では昔からよく知られているものだ。こうした記事を研究した論文もある。それどころか、朝鮮人虐殺を扱った本の中には、暴動記事をコラージュして表紙にしたものさえある。

なぜ研究者はこれを「朝鮮人暴動」実在の証拠と考えてこなかったのか。そこにはもちろん理由がある。震災直後にあふれたこうした記事が、虚報、誤報の類であり、震災からしばらく経った頃には誰も真に受けなくなった代物だからだ。

関東大震災直後の混乱のなかで、新聞紙面には虚報、誤報が氾濫した。新聞学院を創設して後進を育てた記者・山根真治郎は、1938年に著書『誤報とその責任』【➡資料13】の中で、この時期の新聞報道について振り返っている。

> **大正12年の関東大震災の時は人心徨惑して風説百出し、さしも冷静を誇る新聞記者も遂に常軌を逸した誤報を重ねて悔を千歳に遺した事は今なお記憶に新たなるところである。いわく在留朝鮮人大挙武器をふるって市内に迫る、いわく毒物を井戸に投入した、いわく徳富蘇峰圧死す、曰く激浪関東一帯を呑む…数えるだにも苦悩を覚える**

「朝鮮人暴動」だけではない。この時期には、「伊豆諸島沈没」「首相暗殺」「富士山爆発」「名古屋壊滅」など、様々な誤報があふれた。

震災から3年後に内務省がまとめた震災報告『大正震災志』【➡資料15・16】は「交通通信がすべて途絶した当時であるから、東京横浜市民さえ、眼前の惨害より他の一切は全く知らなかった。まして他地方の人達はただただ張膽明目するのみで、あせりにあせってもその被害状況をつまびらかにし得なかったのである。当時各地方新聞が号外もしくは本紙において報道したものの中には、随分思い切ったものがあった」として、震災直後の様々な誤報・虚報を十数種、紹介している。そのなかには「横浜で1000人の朝鮮人と衝突して一個小隊が全滅」「朝鮮人2000が御殿場を襲撃」などの「朝鮮人暴動」記事もある。ちなみに前者はネット上で「朝鮮人暴動の証拠」としてしばしば記事の画像が示されているものだ【➡資料14】。

戦後まもなく法務府（法務省の前身）特別審査局から発行された吉河光貞『関東大震災の治安回顧』

（1949年）も、「全国各地の新聞紙はいたずらに報道の新奇を競い、這般（しゃはん）の情勢を煽情的に映出し、各種の流言的記事を撒付してますます人心不安を助成」したと指摘している。

産経新聞の論説委員からメディア研究者に転じた山本文雄・東海大学教授が明治以降のメディアの歴史をまとめた『日本マス・コミュニケーション史』（東海大学出版会、1970年）には、関東大震災期のメディア状況について以下のように書かれている。

当局も信頼できる情報をえられず、流言の波に巻き込まれて、全く手に負えない状態になった。そのうえ新聞も根拠のない風説を事実のように報道して恐怖に拍車をかけている。当局が混乱したばかりでなく新聞報道も混乱していた

山本教授は、この一文に続けて、当時の流言記事の例として「朝鮮人が放火」「朝鮮人が山本首相を暗殺」「朝鮮人が軍隊と激突」といった記事を挙げている。

なぜこうした虚報、誤報の氾濫が起きたのか。

関東大震災時、東京の中心部は焼失し、交通機関と通信施設は壊滅した。このとき、都心の新聞社20社のほとんども被災。東京日日、都（みやこ）、報知新聞の3社は焼け残ったが、号外を出すのが精一杯という状況であった。大混乱が続き、まともな取材もおぼつかない。こうした中で、いい加減な記事が横行したのである。被災地を脱出した避難民がまことしやかに語る流言を、そのまま書き写したものも少なくなかった。

「富士山爆発」は笑い話で済むが、「朝鮮人の暴動」という流言記事は治安悪化に拍車をかける可能性があった。そのため警視庁は9月3日、「朝鮮人の妄動に関する風説は虚伝にわたること極めて多く、非常の災害により人心昂奮(こうふん)の際、かくのごとき虚説の伝播はいたずらに社会不安を増大するものなるをもって、朝鮮人に関する記事は特に慎重に御考慮の上、一切掲載せざるよう御配慮」されたしという内容の「警告書」を各新聞社に送付。さらにその後、朝鮮人問題についての報道そのものが禁止される(10月20日に解禁)。7日には、出版を含む「流言」を、罰則をもって取り締まる治安維持令が発せられる。それでも、10日くらいまでは地方紙では流言記事が出ていたようだ。

世の中が落ち着いてくると、震災直後の新聞のデタラメぶりは誰の目にも明らかになった。沈没したはずの伊豆諸島は太平洋に何事もなく浮かんでいたし、殺されたはずの山本首相は帝国議会に姿を現したし、富士山からは煙さえ上っていなかったのだから当然だ。

「朝鮮人暴動」も同様である。結局、「不逞鮮人300余名が手に手に爆弾を携え」て横行するのを〝自分の目で〟見た人はいなかった。目撃を伝える回想も(震災直後の流言記事以外には)一つも残っていない。「上水道に毒を撒布」したことを伝える所轄官庁の記録もない。

10月20日に朝鮮人関連の報道が解禁されると、紙面を埋め尽くしたのは朝鮮人の暴動ではなく、そうした流言に踊らされて各地で朝鮮人を虐殺した自警団の蛮行を伝える記事であった【➡資料17】。

ネットにアップされている「朝鮮人暴動」記事の日付を見れば、そのほとんどが9月8日あたりまでの、まさに震災直後の混乱期のものだ。誰かが図書館に置かれた史料集成から虚報・誤報記事をコピーして、「歴史の真実を発見した」と騒いでいるだけなのである。

資料12

『朝鮮人虐殺関連新聞報道史料 1〜4・別巻』
山田昭次・編著
（緑蔭書房 2004年）

朝鮮人虐殺関連の史料は、新聞報道史料も含め大量に残っている。こうした膨大な史料の上に虐殺をめぐる研究の蓄積がある。「虐殺はなかった」などと主張し得る余地はないのである。

資料13

山根眞治郎著
誤報とその責任
日本新聞協會附屬
新聞學院

『誤報とその責任』山根真治郎 著
日本新聞協会附属新聞学院 1938年

山根真治郎は1884年（明治17年）生まれ。明治末期から新聞記者として時事新報、国民新聞、東京新聞などいくつもの新聞社で活躍し、「新聞の鬼」と呼ばれた。後進を育てるため、「新聞学院」を創設した。

「風説をそのまま掲載するのは初期時代の新聞で、風説は寧ろ大切なソースであった。

悪質な風説は事変とか争乱とか天災地変のやうな時に多く発生する。

大正12年の関東大震災の時は人心徨惑（こうわく）して風説百出し、さしも冷静を誇る新聞記者も遂に常軌を逸した誤報を重ねて悔を千歳に遺した事は今なほ記憶に新たなる処である。曰く在留朝鮮人大挙武器を揮って市内に迫る、曰く毒物を井戸に投入した、曰く徳富蘇峰圧死す、曰く激浪関東一帯を呑む…数えるだにも苦悩を覚える」（119頁）

資料14

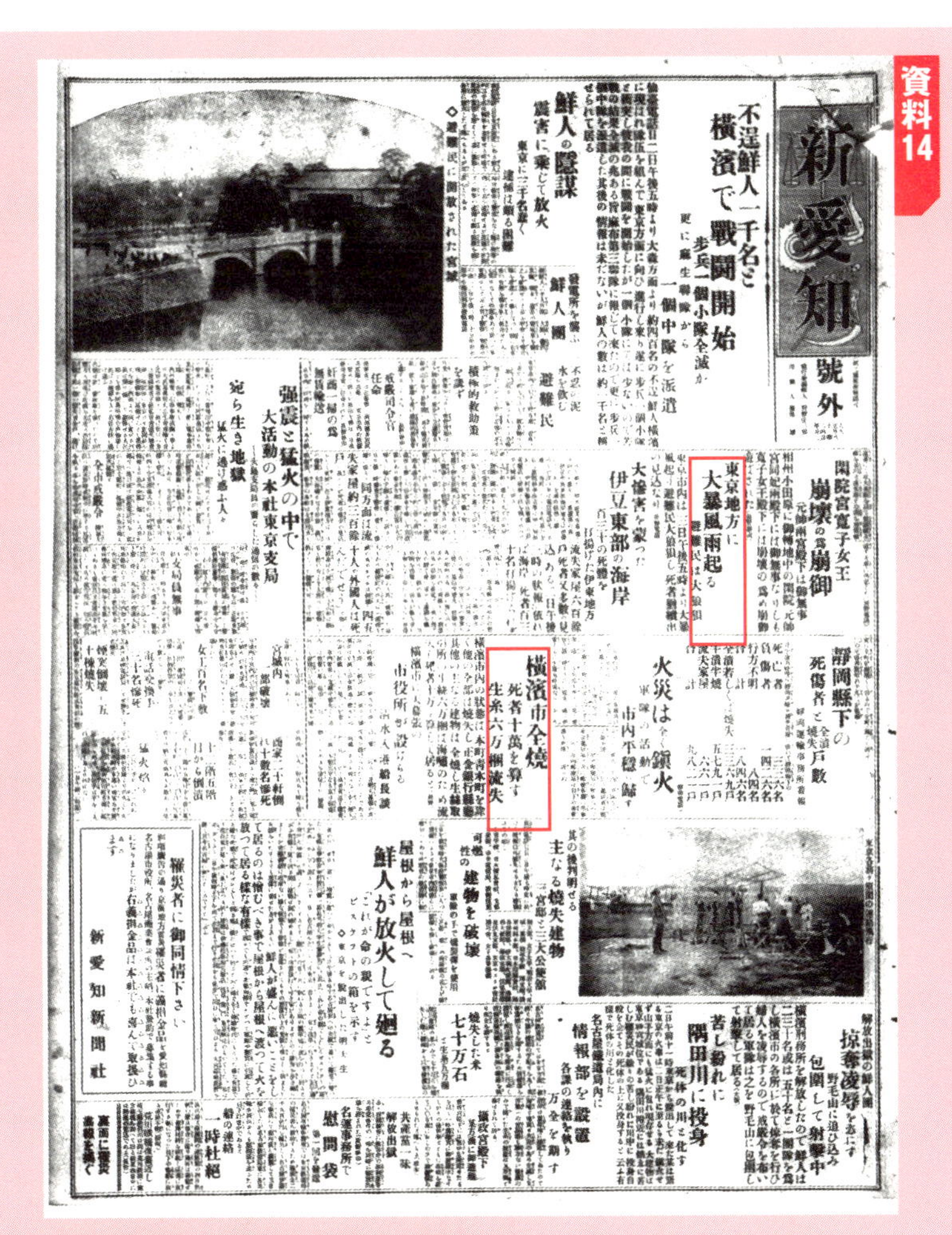
新愛知

號外

不逞鮮人一千名と
横濱で戰鬪開始
歩兵一個小隊全滅か
更に麻生聯隊から一個中隊を派遣

鮮人の陰謀
震害に乘じて放火

發電所を襲ふ鮮人團

閑院宮寛子女王
崩壞の爲崩御

東京地方に
大暴風雨起る
避難民は大狼狽

大慘害を蒙った
伊豆東部の海岸

靜岡縣下の
死傷者と全潰燒失戸數

火災は全く鎭火

横濱市全燒
死者十萬を算す
生糸六万梱流失

強震と猛火の中で
大活動の本社東京支局

宛ら生き地獄

屋根から屋根へ
鮮人が放火して廻る

主なる燒失建物

可燃性の建物を破壞

燒失した米
七十万石

包圍して射撃中

苦し紛れに
隅田川に投身

情報部を設置

罹災者に御同情下さい
新愛知新聞社

慰問袋

一時杜絶

新愛知新聞　1923年9月4日号外

ネット上で虐殺否定論者がしばしば拡散している記事。冒頭の「不逞鮮人一千名と横浜で戦闘開始」の他にも「発電所を襲ふ鮮人団」「鮮人が放火して廻る」など、「朝鮮人暴動」記事がいくつか見られる。同じ紙面には「東京地方に大暴風雨起る」などの誤報や、横浜市で「死者十万を算す」などの不正確な記事（実際は横浜の死者は２万人余）もある。

内務省が例示したデマ記事一覧①

内務省社会局『大正震災志』(1926年)270・271頁

東京をはじめとする各地域の被災状況や、政府の諸機関や地方行政の対応などをまとめた記録。

資料15

大正震災志　内篇　　二七〇

を發揮したものであつたが、大正十二年の震火災は人類愛の絶頂を表現したものと稱してよい。

交通通信が總べて杜絶した當時であるから、東京横濱市民さへ、眼前の慘害より他の一切は全く知らなかつた。まして多地方の人達は唯ゞ駭目張瞻するのみて、あせりにあせつても其被害狀況を詳かにし得なかつたのである。當時各地方新聞が號外若しくは本紙に於て報道したものの中には、隨分思ひ切つたものがあつた。其中より數種を轉載して、當初暗黒の狀を偲ぶ一端とする。

火事から遁れて來た人々の情報に依ると品川は海嘯の襲來に遭つて全滅したとのことである(長野發電)　福岡日々新聞

八田鐵道省旅客係長の談に據ると四日私が東京を立つ前に衛戍總督に聞いた處てあるが神田の神保町から神田橋の間だけで死人が一萬人ぐらゐあるだらうとのことです　伊勢新聞

東京市は下谷谷中の一部を殘して尙盛んに燃えつゝあり宮城も尙燒けつゝあり　大阪毎日新聞

東京刑務所の在監囚を解放した　伊豫新報

麻布聯隊一箇小隊は横濱方面より隊伍を組み進行して來た四百名の鮮人と衝突し激戰の結果少數にて全滅した依つて更に一箇小隊を派遣したが其の後の狀況不明　伊豫新報

九月一日午前六時富士山爆發したるものゝの如し　臺灣日々新聞

当時各地方新聞が号外若しくは本紙に於いて報道したものの中には、**随分思い切ったものがあった**。其中より数種を掲載して、**当初暗黒の状を偲ぶ**一端とする。

天変地異デマ

品川も海嘯で全滅

囚人デマ

市ヶ谷　囚人解放

東京市ヶ谷刑務所は出火により延焼の虞あり一先づ囚人を解放した(宮崎)

市ヶ谷刑務所では囚人の解放は行われなかった(横浜では行われている)。

天変地異デマ

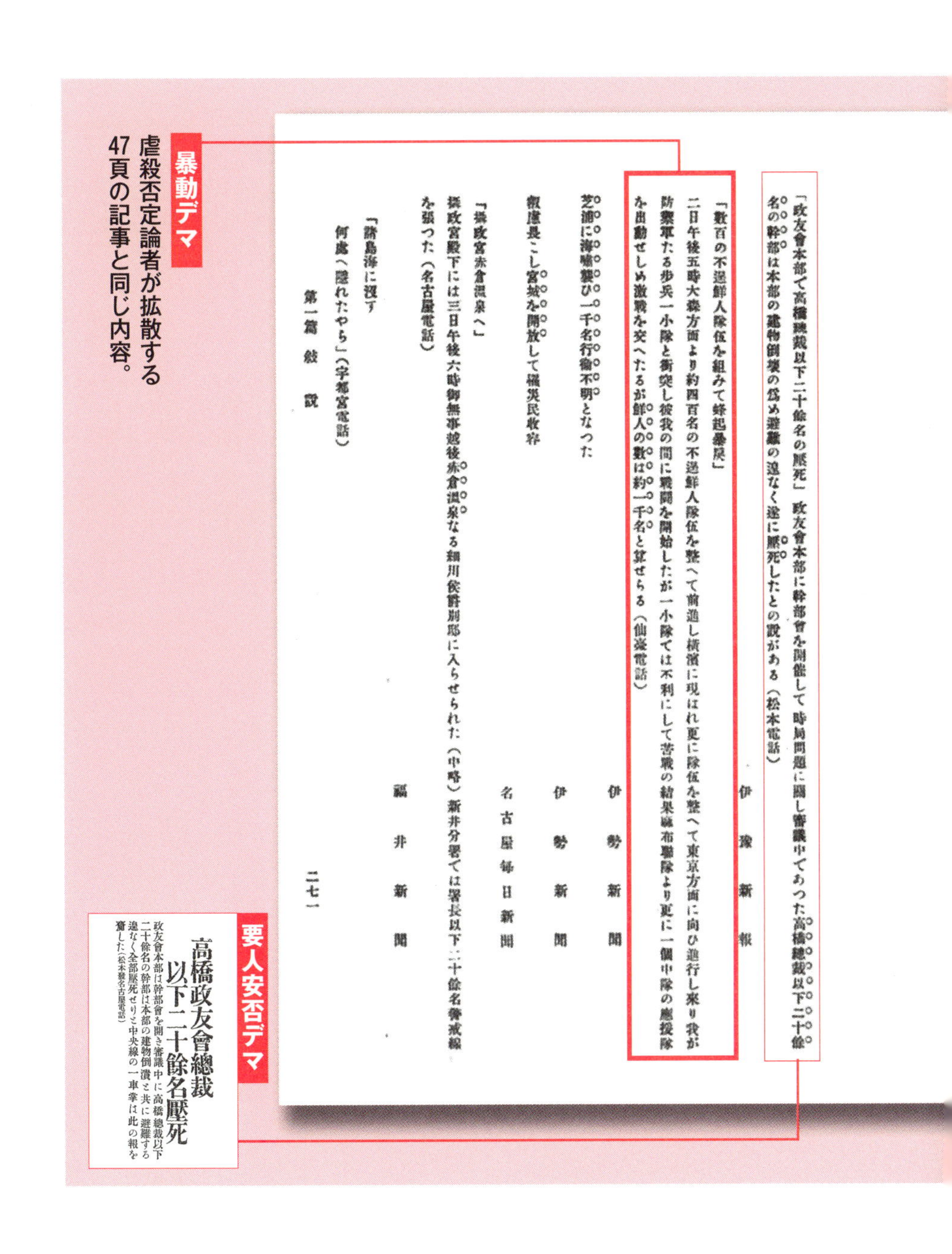

暴動デマ

「政友會本部で高橋總裁以下二十餘名の壓死」 政友會本部に幹部會を開催して時局問題に關し審議中であつた高橋總裁以下二十餘名の幹部は本部の建物倒壞の爲め避難の遑なく遂に壓死したとの說がある（松本電話）　伊豫新報

「數百の不逞鮮人隊伍を組みて蜂起暴戻」
二日午後五時大森方面より約四百名の不逞鮮人隊伍を整へて前進し横濱に現はれ更に隊伍を整へて東京方面に向ひ進行し來り我が防禦軍たる歩兵一小隊と衝突し彼我の間に戰鬪を開始したが一小隊では不利にして苦戰の結果麻布聯隊より更に一個中隊の應援隊を出動せしめ激戰を交へたるが鮮人の數は約一千名と算せらる（仙臺電話）　伊勢新聞

芝浦に海嘯襲ひ一千名行衛不明となつた　伊勢新聞

假皇居こし宮城を開放して罹災民收容　名古屋毎日新聞

「攝政宮赤倉温泉へ」
攝政宮殿下には三日午後六時御無事鹵簿赤倉温泉なる細川侯爵別邸に入らせられた（中略）新井分署では署長以下二十餘名警戒線を張つた（名古屋電話）　福井新聞

「諸島海に沒す
何處へ隱れたやら」（宇都宮電話）

第一篇　敍　說　　二七一

要人安否デマ

**高橋政友會總裁
以下二十餘名壓死**

政友會本部は幹部會を開き審議中に高橋總裁以下二十餘名の幹部は本部の建物倒潰と共に避難する遑なく全部壓死せりと中央線の一車掌は此の報を齎した（松本發名古屋電話）

虐殺否定論者が拡散する47頁の記事と同じ内容。

内務省が例示したデマ ②

内務省社会局『大正震災志』（1926年）270・271頁

資料16

大正震災志　内篇

小笠原伊豆諸島は全く消息昔無であるが海上視察者の談に依ると同所附近の一帶は海中に沒し總ての島はなかつたと
　　　岩手新聞

「秩父連山の噴火
　冲天の噴烟壯觀を極む」（長野電話）
　　震源地は該方面か
秩父連山は三十日噴火を始め一日正午に至り噴煙天に冲し大爆發をなしたらしく之を高崎方面で眺むれば寧ろ壯觀で今回の大地震は秩父連山の爆發に依るものであらうと傳へられて居る
　　　土陽新聞

「關東平野は火の海」
東京方面大地震の狀況視察のため急行せる列車は一日午後八時輕井澤に著した同地より見れば關東平野紅蓮の如く火焰天に冲し秩父の連山又猛火に包まれ居れり其の光景寧ろ悲慘と云ふよりも全く言語に絕してゐる
　　　臺灣日々新聞

「宮城も半燒（東京電話）
　芝の一部を殘し全東京を燒盡す」
東京内の火事は二日午前三時半に至るもなほ已まず淺草下谷神田方面をなめ盡し四方に燃え擴がり全市火の海となり芝の一部を殘し殆んど全東京を燒盡した形勢であるなほ宮城も遂に半燒した市民は逃げ場を失ひ燒死したものも夥しい模樣である
　　　北國新聞

「淺草觀音堂（高崎電話）

二七二

天変地異デマ

伊豆大島沈下
伊豆大島は愈々水面以下に沈降し
遂に島影を認めざるに至れり

新島出現す
大島が見えない

秩父連山大爆發
噴煙天に冲す

要人安否デマ

震災で負傷後遂に薨去した……松方正義公

松方公爵略歴

荘内新報 外號 第九報

●山本首相暗殺⁉●

主義者の暴動

二日午前十一時東京市の火勢今尚炎々として燃ゐ擴がり麹町區より新宿方面に延燒し殆んど鎭火の見込なし上野、淺草、芝、日比谷各公園は避難民と、屍體とによりて埋り混雜名狀すべからず

尚玆に驚愕すべきは、山本新首相が一日午後不逞鮮人の爲に暗殺せられたりとの報あり、然も尚恐懼すべきは攝政宮殿下が一日午後自動車に召されて何れの方面にか御出向遊ばされたる儘御行衛杳として知れず憂慮に堪えざるものあり

不逞鮮人主義者一派は混亂に乘じて暴動を起し、赤羽火藥庫砲兵工廠を襲ひ爆發ぜしめたり

但し吾人は是等の報導の希くは嘘報ならん事を祈るものなり（九月二日午後四時特報）

天変地異デマ

東京酷熱百五十度

東京は目下華氏百五十度の熱度にて避難民は到底此苦熱に堪へず死亡する者亦數知れずと

牢として倒れなかつたが猛火裡に焼失六百名下敷三百名焼失」

丸ビル及び其の附近の各大厦高楼を始め三越・白木屋・松坂屋・外國語學校・商科大學・日本商科大學・淺草觀音堂を焼失し十二階崩落の際は六百餘名其の下敷となり惨死し淺草觀音堂焼失の際は三百餘名猛火に包まれ焼死した尚靖國神社方面は無事らしいとの情報があつた（九月三日午後五時着）

信濃新聞

「戒嚴令突破の爲に銃劍で刺される者多數

火災の火氣で炎熱實に百五十度

高貴の方々は山の手方面に避難」

二日午後三時上野驛發同十時長野着列車で避難してきた一旅客は語る避難者中には高貴の方々が多數あつて其等の方々は山の手方面に御避難遊ばさる事とて同方面には戒嚴令布かれ一人も近づく事が出來ないしかるに其を冒かして銃劍で刺され血塗れの死體となつてたふれてゐるものも多數見受けたもつとも悲慘なのは崩壊した家屋の間にはさまれて半死半生泣きながら救ひを求めてたが誰も助けるものもない事である殊に二日晴天に加えて大火の火氣で炎熱が百五十度に昇り避難者中には其の暑さにたふれたものもあつた

愛知新聞

「攝政宮殿下は飛行機にて

何れかへ御避難」

攝政宮殿下には飛行機にお乘り遊ばされ何れへか御避難遊ばされた。（五日午前十時眞岡着電）

樺太夕刊

第一篇 総説 二七三

資料17

「朝鮮人虐殺」をめぐる当時の新聞報道

9・1

震災発生

「朝鮮人暴動」デマ記事の氾濫

在京新聞社の多くが壊滅
混乱で取材困難、避難民の噂を
そのまま記事に

鮮人三百船橋上陸
危険に頻し應援依頼

三河島方面より
不逞鮮人が
二百名押寄す報

大久保で鮮人が
井戸に毒を投じ
二百名死亡
倉庫を襲ひ

虐殺否定論者がネットにアップしているデマ記事

〈報道規制〉

9・3
警視庁「朝鮮人の妄動に関する風説」には「虚伝」が極めて多いので報道するなと新聞社に警告。

9・7
報道を含む流言拡散を処罰する「治安維持令」。

当局によるデマ打ち消し

鮮人に關する
流言は無根

鮮人暴動は流説
戒嚴司令部公表

10・20

「朝鮮人」報道解禁

警視庁刑事部
朝鮮人虐殺事件を発表

朝鮮人虐殺事件報道が
大々的に展開

司法省
「鮮人の犯罪」リスト発表

新聞が取り上げたのは数日程度
「暴動」主張ではないことに注意

大量虐殺報道

横濱で殺された鮮人
百五十名に上る
山口正憲等の流言が因で
一週間銃聲絶えず

船橋町の大虐殺
卅七鮮人をなます斬り

自警団の犯罪

自警團が掠奪
五十餘名の群集と共に
酒屋を襲ふ

放火した
自警團員
功績を認めて
貰ふつもりで

流言の検証

投毒流言無根
井戸検査の結果

警察の責任

鮮人襲来を
巡査が觸廻る
警視廳でも最初は迷はされ
後で虚說だと諭告す

虐殺事件裁判の報道

帝国議会での責任追及

鮮人は誰が殺した
原因を作つたのは官吏でないか
衆議院で―永井氏火を吐く

鮮人殺害
責任は政府
昨日田淵君が朝鮮人殺害
事件等に對して國民齊しく悩

〜12・11

「悪いことをした朝鮮人もいた」のか

掠奪、強姦、放火、殺人
一部不逞鮮人の兇行
隊伍を組んで各所を荒す

（読売新聞　1923年10月21日付）

↓資料18

1章
5

ポイント

◉ 司法省が当時、発表した「朝鮮人の犯罪」リストが存在するが、その多くは容疑者も被害者も氏名不詳というもので、当時の新聞や後の検事さえも信憑性を疑問視している。

◉ 背景にあるのは、朝鮮民衆の反発を恐れた政府が内部でまとめた「朝鮮問題に関する協定」。「朝鮮人の暴行」についての「風説」を「できる限り肯定」せよという宣伝方針であった。

◉ 震災期に刑事犯罪で起訴された朝鮮人は12人だけで、そのうち10人は窃盗・横領の類。当時、焼け出された人々の間で窃盗は多発していた。

「悪いことをした朝鮮人もいた」のか

ネット上にアップされている「朝鮮人暴動」記事のほとんどは、震災直後（9月10日程度まで）のものであり、それらは混乱期の誤報・虚報であるということはすでに書いた。しかし、54頁で見出しを示した読売新聞の記事のように、10月21日前後の日付で、朝鮮人が略奪や放火を行ったと書いている記事もある。21日と言えば朝鮮人問題についての報道が解禁された翌日のことである。流言記事だと切り捨てることはできないだろう。しかもそこには「司法当局談」とある。実際、これは司法省の発表に基づくものであり、誤報記事とは呼べない。

しかし、その内容が信用できるかと言うと、その多くが疑わしいのである。結論から先に言えば、これは当時の政府が、朝鮮人虐殺事件の衝撃を相殺するために真偽の怪しい話も含めてかき集めて発表したものだった【➡資料19】。

この発表のもとになったのは、すでに紹介した司法省の報告「震災後に於ける刑事事犯及之に関連する事項調査書」にある「鮮人の犯罪」というリストである。そこには、朝鮮人による強盗、強姦、放火、殺人といった犯罪が列挙されている。その数、42件。容疑者の数は138〜139人。

ところがこのリストには、よく読むと奇妙な内容が多いのである。容疑者が行方不明だったり、そもそも氏名不詳だったりというのが少なくないのだ。「吾嬬（あずま）町で氏名不詳の朝鮮人が氏名不詳の居酒屋女風の婦人を強姦した」などと、被害者まで氏名不詳のものも多く含まれている。これでは、一体、誰が届け出たのか、誰がどう調べたのかさえ分からない。流言を集めてきたとしか思えない内容である。

このリストの意味を理解するには、それに先立つ9月5日の政府決定を知る必要がある。この日、政府の中に設置された「臨時震災救護事務局」は、「朝鮮問題に関する協定」という文書を取りまとめている【➡資料20】。そこでは、「内外に対し各方面官憲は鮮人問題に対しては、左記事項を事実の真相として宣伝に努め将来これを事実の真相とすること」として7項目を掲げている。念のため言っておけば、「これが真相だ」ということではなく、「『これが真相だ』と宣伝せよ」ということだ。

第1項目は、朝鮮人が殺されたのは混乱のせいであってとくに朝鮮人だから迫害されたのではないという、事実に反した内容。先ほどの「鮮人の犯罪」リストに関連するのは第2項目だ。

「朝鮮人の暴行または暴行せむとしたる事実を極力捜査し、肯定に努むること／風説を徹底的に取り調べ、これを事実として出来得る限り肯定することに努むること」

「海外宣伝は特に赤化日本人及び赤化鮮人が背後に暴行を煽動したることを宣伝するに努むること」

風説（流言）を徹底的に調査し、これをできる限り事実として肯定せよと言っているのである。その後、同工異曲の「宣伝事項」が他にもいくつか残されている。その一つでは、こうした宣伝の目的を「帝国に不利なる宣伝風評の内外に行なはるることを防止する」ためだと正直にその意図を書いている。

つまり、虐殺事件の事実が朝鮮半島や外国に伝わり、その衝撃が日本の朝鮮統治を揺るがすようなことがないように、朝鮮人の側にも落ち度があったという話をつくって問題の本質をごまかそうとしたのだ。そのために、政府自身も本当は信じてはいない「風説」をなるべく肯定せよ、と指示しているのである。彼らが最も恐れていたのは、４年前の１９１９年に朝鮮全土を揺るがせた三一独立運動の再来だったのだろう。

司法省の「朝鮮人の犯罪」リストはこのような意図に沿って作成され、朝鮮人問題の報道解禁時（10月20日）に、各地で起こった自警団事件（朝鮮人虐殺と日本人誤殺）の発表にぶつけて同時に発表されたのである。

しかし「風説」をかき集めただけあって、その内容は信憑性に乏しい。第一に、リストに登場する人物の多くが「氏名不詳」であること。被害者まで「氏名不詳」の場合が少なくない。第二に、名前が記されていても「行方不明」であるものが多いということだ。そもそも逮捕されていないか、されても逃げた、あるいは殺されたなどと説明されている。つまり、司法手続きの段階にも上っていないということだ。

虐殺問題研究の第一人者である山田昭次・立教大学名誉教授は、容疑者が氏名不詳である、あるいは氏名は記されているが、行方不明あるいは死亡したことになっている者が、１３８〜１３９人中１１９〜１２０人に上ることを指摘している。そうなると残るのは19人だが、そのうち起訴されたのが明らかなのは12人。同時期の外務省文書と突き合わせると、その罪状は窃盗・横領が10件に爆発物の取締罰則違反1件、銃砲火薬類取締法施行規則違反1件。

10件の窃盗・横領の内容は「氏名不詳者の衣類を盗んだ」といった類だ。震災直後、窃盗は一般的に多発していた。被災地域の検事局が受理したその件数は、震災から10月末までで２８００件超。前年同期の2倍近くに上る（吉河光貞『関東大震災の治安回顧』）。警視庁『大正大震火災誌』は、「飢渇（きかつ）に迫られる罹災者の中には、他人の財物を窃取する事によりて、自己および家族の生活を維持するの余儀なきに至れる」者が多かったと書いている。追い詰められた被災者が生きるために小銭や食料、衣服を盗んだのだ。この10件も同様だろう。

爆発物の取締罰則違反は、呉海模（オヘモ）という人が当時開削工事中だった荒川放水路の河川敷で工事用のトロッコの中に寝ていたところを見つけられた際、ダイナマイトを持っていたというものだが、ダイナマイトは当時、工事現場で普通に使われていたものだ。裁判では、呉海模が誰かに危害を加える意思を持っていたとは言えないという判決が出ている。最後の銃砲火薬類取締法施行規則違反もダイナマイト所持が問われたものだが、残されているわずかな説明を読む限りでは、さらにあいまいな事件のようだ。

こうした「朝鮮人の犯罪」発表に対しては、当時から批判があった。報知新聞はこの発表内容を報じつつも、「当局に何等か特殊の意思があるのではないかと某方面の官辺（かんぺん）は言っている」（10月21日夕刊）とその政治的意図を匂わせているし、読売新聞の社説はもっとはっきりと、「それは決して、邦人の鮮人殺戮があまりに多数であったために、〇〇〇鮮人の罪悪を、どうしても相互的に発表せねばならぬという体面上の問題であってはならぬ。（略）ただ公表によれば兇暴を働いた鮮人の多くが、十の八まで氏名不詳でありまた逃亡して審理の手段を持たないように見えるのは残念である」（10月22日付、一部伏せ字）として、暗に疑念を表明している。

だいぶ後になるが、検事でありながらこの「朝鮮人の犯罪」リストに疑念を示した人もいる。法務府（法務省の前身）の吉河光貞（よしかわみつさだ）検事は、戦時中から関東大震災の裁判記録などを検証し、戦後まもなくの1949年、『関東大震災の治安回顧』（法務府審査局）をまとめている。このなかで吉河は、この司法省のリストを掲載した新聞記事を紹介した上で次のように書いている。

果たして以上述べたが如き鮮人犯罪が実際に行なわれたものであろうか。彼ら鮮人（リストにある“容疑者”のこと―加藤注）のすべては犯行当時混乱に乗じて所在不明となり、あるいは自警団員その他によって殺害されており、司法事件としてはその真偽が全然確定されておらぬ状況であった。／しかも東京地方裁判所検事局管内においては、震災直後司法警察官の捜査が一時この種鮮人犯罪の検挙に傾注された観あるにかかわらず、被疑事件として同検事局に送致された放火、殺人などの重大犯罪すら、その大部分が犯罪の嫌疑なきものとして不起訴処分に付されるがごとき状態であったことは注目に値する

婉曲な言いまわしだが、要するに「このリストには信憑性がない」と言っているのである。震災当時、朝鮮人総検束という方針の下、警視庁管内の各警察署には、一時的には3000人を越える朝鮮人が収容されていた。吉河は別の箇所で、警視庁本庁だけでも160人以上の朝鮮人を収容し、捜査課総がかりで調べたが、ほとんど犯罪事実を見つけることはできなかったと書いている。つまり吉河は、警察が検束した朝鮮人のほとんどが犯罪とは無関係だったし、何らかの罪名で送検した者も大部分は不起訴になったではないか、その一方でどうして所在不明、真偽不明の朝鮮人犯罪者なるものをこんなに列挙できるのか、と言っているのだ。

なるべく風説を肯定して宣伝せよ、という政府決定にもかかわらず、司法省が打ち出すことができた報告はこの程度のものであったわけである。

誤解してはならないのは、この司法省のリストも、朝鮮人暴動があったと主張しているものではな

1章
5

いということだ。すでに触れたように、司法省は組織的・政治的な暴動（「不逞計画」）については「一定の計画の下に脈絡ある非行をなしたる事跡を認め難し」と結論づけている。政治的意図をもったテロや暴動はなかったが、刑事犯罪に走った一部の朝鮮人はいたのだ、と主張したいのがこのリストであり、以上見てきたように、それさえもほとんどは「風説」を集めた真偽不明のものであった。

殺人や放火、強盗、強姦といった重大犯罪で起訴された朝鮮人の存在は、この司法省のリストですら確認できず、確認できるのは先に見た12件の軽微な事件の起訴にすぎない。一方、朝鮮人や、朝鮮人と誤認して日本人や中国人を殺傷した事件で起訴された日本人の数は566人に上っている。そもそも刑事事件を起こした少数の朝鮮人がいたからといって、無差別に行われた朝鮮人虐殺を〝相殺〟できるはずもないだろう。

朝鮮人関連報道解禁後の「朝鮮人の犯罪」報道

資料18

掠奪、強姦、放火、殺人
一部不逞鮮人の兇行
隊伍を組んで各所を荒す

廿日午後二時四十五分司法當局は豫てより記事差止命令を發して置いた九月二日以降の鮮人に關する犯罪事件中左の一部を限つて解禁發表し左の如く言明した「今回の變災に際し鮮人にして不法行爲を爲すものがあつた旨さかんに喧傳せられたが今其筋の調査した所によれば一般鮮人は概して順良であると認められるが一部不逞の輩があつて幾多の犯罪を敢行し其事實喧傳せらるゝに至つた結果變災に因つて人心不安の折から恐怖と昂奮の極往々にして無辜の鮮人又は内地人を不逞鮮人と誤つて自衞の意を以て危害を加へた事犯を生じたので當局は之に就ても嚴密な調査を行ひ既に起訴したもの十數件に及んでゐる」

読売新聞　1923年10月21日

10月20日、司法省は報道解禁に合わせて、自警団による朝鮮人殺傷事件と「朝鮮人の犯罪」を同時に発表した。

▲氏名不詳鮮人　一名（殺人豫備）九月二日午後十一時ごろ南葛飾郡小松川町荒川放水路堤防上に於て印半纏黒ズボン巻脚絆を着し白鉢巻を為し白鞘を帯びたる一鮮人が右手に抜刀を携へ多数の罹災者の避難し居たる荒川堤防上に現れ自警団員の如く装ひ避難者の隙を窺ひ居る内附近警戒中の程月啓太郎等に取押へられ後逃走す

▲氏名不詳鮮人　一名（流言蜚語）同上同群吾嬬町大字木ノ下一八一番地附近道路に於て大震火災の為め混乱に陥りたる吾嬬町道路にて「海嘯〱」と連呼疾走し虚報を傳へて一旦取押へられしも後逃走す

▲氏名不詳鮮人　一名（強姦）九月二日夜南葛飾郡吾嬬町に於て氏名不詳銘酒屋女風の一内地婦人を強姦す

資料19

国民新聞　1923年10月21日

司法省が発表した「朝鮮人の犯罪」の内容を伝える記事の一部。一読すると、かなり無理のある内容であることが分かる。

資料20

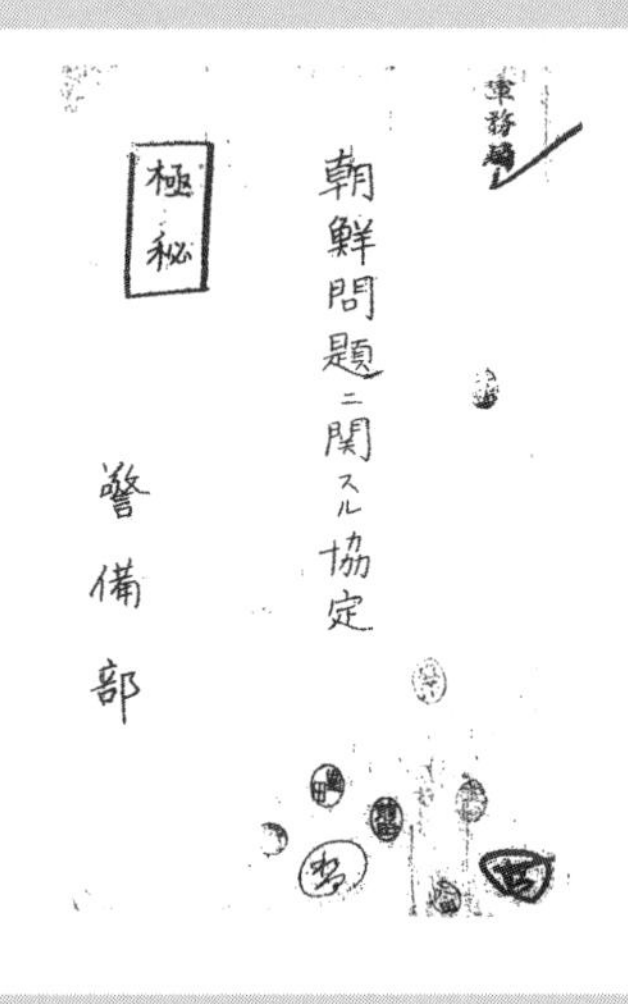

朝鮮問題に関する協定

臨時震災救護事務局の警備部で9月5日にまとめられた協定。臨時震災救護事務局は、震災翌日に地震後の対策を統括する機関として設置されたもので、首相を総裁とし、各省庁の次官と社会局長官、警視総監、東京府知事、東京市長を参与とする。

朝鮮問題に関する協定 【極秘】

警備部

鮮人問題に関する協定

一、鮮人問題に関し外部に対する官憲の採るべき態度に付、九月五日関係各方面主任者事務局警備部に集合取敢へず左の打合を為したり。

第一、内外に対し各方面官憲は**鮮人問題に対しては、左記事項を事実の真相として宣伝に努め**将来之を事実の真相とすること。

従て、(イ)一般関係官憲にも事実の真相として此の趣旨を通達し、外部へ対しても此の態度を採らしめ、(ロ)新聞紙等に対して、調査の結果事実の真相として斯の如しと伝ふること。

左記

朝鮮人の暴行又は暴行せむとしたる事例は多少ありたるも、今日は全然危険なし、而して一般鮮人は皆極めて平穏順良なり。

朝鮮人にして混雑の際危害を受けたるもの少数あるべきも、内地人も同様の危害を蒙りたるもの多数あり。

皆混乱の際に生じたるものにして、**鮮人に対し故らに大なる迫害を加へたる事実なし。**

第二、**朝鮮人の暴行又は暴行せむとしたる事実を極力捜査し、肯定に努むること。**

尚、左記事項に努むること。

イ、**風説を徹底的に取調べ、之を事実として出来得る限り肯定することに努むること。**

ロ、風説宣伝の根拠を充分に取調ぶること。

第三、〃〃〃〃〃（ママ）

第四、〃〃〃〃〃（ママ）

第五、〃〃〃〃〃（ママ）

第六、朝鮮人等にして、朝鮮、満洲方面に悪宣伝を為すものは之を内地又は上陸地に於て適宜、確実阻止の方法を講ずること。

第七、海外宣伝は特に赤化日本人及赤化鮮人が背後に暴行を煽動したる事実ありたることを宣伝するに努むること。

（『現代史資料6』収録）

1章
6

そもそも「朝鮮人暴動」がどれほど荒唐無稽な話か考えてみる

「関東大震災〜朝鮮人暴動の真実!!　朝鮮人の放火により、いったい何万人の命が亡くなったのでしょう?」

（あるツイートから。２０１８年８月27日）

ポイント

- 都市火災とその拡大の原因について当時の最高峰の専門家たちを集めた「震災予防調査会」が検証しているが、放火の可能性は否定されている。
- 東京で大規模なテロを行う「能力」など、朝鮮人抗日組織も日本人社会主義者も持っていなかった。特高警察は彼らを徹底的な監視下に置き、震災発生後はほとんどが予防検束された。
- そもそも未曽有の都市火災が拡大し、警察さえも大混乱するなか、連絡を取り合って組織的なテロ活動を行うことなど不可能だ。

そもそも「朝鮮人暴動」がどれほど荒唐無稽な話か考えてみる

ここまで、ネット上の虐殺否定論がどのように誤った認識の上に立っているかを明らかにしてきた。ここでは角度を変えて、そもそも「朝鮮人が暴動を起こした」という話が、当時の世相のなかで具体的に考えたときに、いかに荒唐無稽な主張であるのかを考えてみたい。

中でも最も荒唐無稽なものから取り上げよう。ネット上では、ツイートやブログで「震災後の朝鮮人の蛮行で亡くなった人は10万を超えると言われています」という主張を見ることがある。ネット上の匿名の主張だけではない。次の章で取り上げるノンフィクション作家の工藤美代子・加藤康男夫妻も、彼らの著書の中で、関東大震災で火災があれほど広がったのはおかしい、誰かが放火したに違いない、だから「朝鮮人の放火があったとされるゆえんである」――というメチャクチャな三段論法を展開している（加藤康男『関東大震災「朝鮮人虐殺」はなかった！』WAC・2014年／149頁）。

関東大震災時の都市火災の拡大は、放火とは関係ない。これははっきりしている。当時の「震災予防調査会」による調査では、震災時の火災における延焼原因に、そもそも「放火」は含まれていないのである。

震災予防調査会は1891年に設立された文部省所轄の研究機関で、今の東京大学地震研究所の前身である。調査会は当時、震災前から巨大地震の発生を警告していた東京帝国大学の今村明恒助教授を責任者として、当時としては最高峰の専門家・科学者を結集し、1年半の時間をかけて関東大震災の調査報告をまとめている。今日の地震学の権威である武村雅之名古屋大学教授は、これを「関東大震災を科学的に検討する上で無くてはならない資料」「バイブル的存在」とまで評価している。

調査会の報告によれば、出火地点は134ヵ所で、火元はかまど、七輪、火鉢などであり、そのうち77ヵ所が延焼し、火災を拡大させた。火がどのように広がっていったかについても調査し、実態がかなり解明されている。そしてこの調査には放火の「ほ」の字も出てこない。関東大震災時に都心が全焼するほど火災が広がったのは、地震発生が午前11時58分という昼食時で、そのうえ台風に近い強風が吹いていたからであり、誰かが放火したからではない。

朝鮮人が井戸に毒を入れた、という話はどうだろうか。これについても、井戸から毒が検出されたといった公的記録は皆無である。逆に、住民が騒ぐので調べてみたが毒は検出されなかったという話は、枚挙にいとまが無いほど残っている【⬇資料21】。警視庁『大正大震火災誌』の各警察署の報告にも、そうしたものがいくつもある。たとえば渋谷警察署の報告に、「鮮人等毒薬を井戸に投じたり」という住民の訴えに応じて井戸を調べたが「事実にあらず」という結論が出たという話が出てくる【⬇資料22】。

当時、この「井戸に毒」流言の荒唐無稽さを説いたのが、医療評論家の橋爪恵という人だ。彼は震災2ヵ月後の11月2日、3日付の読売新聞に掲載したコラムで「あのどさくさ紛れに、かてて加へて薬品の払底（ふってい）した頃、どうして毒劇薬を買占めることが出来よう。まして石炭酸とか硫酸重クローム酸昇水などを汲めども尽きぬ井戸水に投げ込んだからとて効くかどうか常識によつて判断されることである」と書いている。要するに、井戸に毒を投げ込んでも少量では希釈されてしまって効果はない、水を飲んだ人を死に至らしめるには大量の毒薬が必要だが、どうやってそんな量の毒薬を手に入れることができるのか、というわけだ。そのとおりだろう。橋爪は「浮説もここまで来ると優等賞であり、この浮説に左右されて異常な虐殺をあえてした我が日本人は何という劣等生なのだ」とあきれている。

そもそも、混乱のさなかに数百人単位の武装部隊を結集させて日本軍と戦闘したり、街の至るところに爆弾を投げたり、井戸に大量の毒薬を投げ入れたりする「能力」をもった朝鮮人や社会主義者の組織が存在し得るだろうか。少し大真面目に検討してみよう。

朝鮮人の抗日テロ組織自体は確かに存在した。義烈団である。しかし彼らの拠点は中国であり、日本警察によれば団員数もせいぜい70人ほど（梶村秀樹「義烈団と金元鳳」『朝鮮近代の民衆運動』明石書店・1993年）。数人が日本警察の目をかいくぐって朝鮮に潜入し、総督府や警察署に爆弾を投げるのが精一杯で、日本本土に大部隊を送り込むなど、不可能なことだった。

日本に滞在する朝鮮人たちはどうか。当時、日本には8万〜10万人ほどの朝鮮人が滞在していたが、その多くは工事現場や工場で働く労働者たちで、内務省がまとめた『最近ニ於ケル在留朝鮮人ノ情況』（1925年1月、萩野富士夫編『特高警察関係資料集成』12巻収録）によれば、「無学文盲の者其の多数を占め政治上及び社会上の思想に全く無関心」だった。

留学生たちはどうか。若い知識人である彼らの多くは、日本の植民地支配に反感を抱いていただろうが、徹底的な監視下に置かれ、日常的に尾行がつく「要視察朝鮮人」だけで268人（22年末）に上っていた。これを3000人の留学生に当てはめれば11人に1人に当たる。めぼしい者は全て監視下にあったということだ。こうした中でも継続的に抗日運動をしていたのは、数十人ほどだろう。先に触れた工藤美代子・加藤康男夫妻の著書では、日本人の反撃で死んだ朝鮮人テロリストだけで800人に上ると主張しているが、朝鮮人労働者や留学生の中に数百人規模の秘密テロ組織が潜んでいたなどというのは、あり得ない話である。当時の特高警察は、世界でも最高水準の監視体制を築いていることを自認していたのだ（荻野富士夫『特高警察』岩波新書・2012年）。

日本の社会主義者はどうか。共産党は、震災3ヵ月前に徹底的な弾圧を受けて壊滅し、約100人の党員のほとんどが逮捕されている（立花隆『日本共産党の研究』講談社・1978年）。そもそも当時の共産党は、コミンテルンの指導を受けて「当面は地道に労働運動に励む」という方針の下で活動していたから、震災があったからといって思いつきで暴動に走るなどということはありえない。一方、共産党＝ボルシェビキと対立するアナキズム活動家たちは、個人の自立と自由を最も大事に考える人々である。その活動は小さな労働組合をつくるか、激情にかられて要人や右翼への個人テロに走る程度のものだった。そんな人たちに数百人規模の秘密テロ組織など不可能だ。

そもそも当時の社会主義運動と言えば、今も歴史に名が残っている知識人や活動家たちが指導していたわけだが、ではいったい、その中の「誰」が、地震の混乱に乗じて暴動を起こしたり、夜陰に乗じて庶民の家の井戸にこそこそと毒を入れて回ったりしたというのだろうか。共産党の指導者で当時は市ヶ谷刑務所に収監されていた堺利彦や徳田球一か。震災2週間後に憲兵に殺害された大杉栄か。戦後は社会党の理論的指導者になった山川均か。東大新人会の指導者で、当時、柳原白蓮との駆け落ち事件で世を騒がせていた宮崎龍介か。それとも早稲田大学建設者同盟の浅沼稲次郎（後の社会党委員長）か。当時の最大労組・日本労働総同盟の鈴木文治会長か。ノーベル平和賞の候補ともなった賀川豊彦か。

大正時代に左翼運動に参加し、その後、政界、財界、文化界で活躍した有名人は山ほどいるが、「関東大震災の時に火をつけたり、井戸に毒を入れたりした」と回想している人は一人もいない。

これまで何回か引用してきた司法省の「震災後に於ける刑事事犯及之に関連する事項調査書」も、震災直後に社会主義者が政治的行動を行った事実はない（「何等主義的の行動なし」）としている。なぜなら、震災後にほとんどの監視対象者を各署に予防検束したので、そもそも「行動の自由を有したるは大杉栄山川均のほかわずかに末輩の一部に過ぎず…時節を奇貨とし陰謀を逞うするの余地」などなかったからだ。

要するに当時の朝鮮人運動や社会主義運動は大規模でもなかったし、地下活動として組織化されたものでもなかった。その上、警察の厳重な監視下に置かれていた。震災の混乱のさなかに組織的武装行動を起こすような「能力」を持つ集団は存在しなかったのだ。もちろんそんな馬鹿げた「意図」を持った人々もいなかっただろう。

そもそも、9月1日に地震が発生したときに、その混乱に乗じる計画を即座に立案し、各地でテロを行った――などという話を、どうしてまともに信じられるのだろうか。火災が予想もつかないほどに拡大し、誰も彼もが炎から逃げ惑い、交通手段も通信手段も絶たれて警察さえも右往左往しているときに、テロリストたちはどうやって互いに連絡を取り、どうやって集まり、武器を受け渡し、刻々と変わる状況に応じて作戦を立て、指揮命令を伝達していたのか。

具体的に想像すれば、いかに馬鹿げた話か分かる。「虐殺否定論」は、常識と想像力の欠如の上に初めて成り立つ荒唐無稽な主張にすぎないのである。

資料21

下谷区は現在の台東区西部で上野もその一部。当資料はウェブサイト「国会図書館デジタルコレクション」を通じて閲覧できる。

『下谷区史付録 大正震災志』(1937)

わが區に於ては二日、午前四時頃突如として「不逞鮮人今次の大災を好機至れりとして、豫て用意の爆彈を投擲し、或はまた毒素を飲料水、菓子等に混入して飢渴に喘ぐ市民を鏖殺せんとはかる」の假想幻影的流言が飛んだかと思ふと、次の瞬間には早や「精養軒の井戸水變色す」「上野公園下の井戸水異常あり」「博物館の池水變色して金魚皆死す」などと續々所轄署に屆出があつた。依つて直ちに急行試驗するに何等の異變をも認められない。爲めに之が事實無根を掲示すると共に、制服巡査を派して民衆をして安堵せしめ、その混雜を整理するといふ有様であつた。

資料22

警視庁「大正大震火災誌」

ニ報告セントスルモ便船ヲ得ズ、隅田川ヲ泳ギテ漸ク其目的ヲ達セシガ、此時民衆ノ提供セル爆彈ト稱スルモノヲモ齎リテ鑑定ヲ求メシニ、并ハ唐辛シノ粉末ナリキ。

迄デ午後一時五十分頃歩兵第一聯隊ヨリ特派セラレタル小澤見習士官ノ一隊

京橋月島警察署
990頁

多シ」ト人心之ガ爲ニ稍々動ケル折シモ、幾モナク「鮮人ハ毒藥ヲ井戸ニ投ジタリ」トノ風説サヘ傳ハリテ、鮮人ニ對スル迫害漸ク行ハレ、早クモ之ヲ捕ヘテ本署ニ同行スルモノアリ、就キテ之ヲ檢スルニ爆彈ナリトセルモノハパイナップルノ罐詰ニシテ、毒藥ナリトセルモノハ砂糖ノ袋ナリキ。

然ルニ夜ニ入ルニ及ビ、下谷池ノ端七軒町ハ既ニ猛火ノ襲フ所トナリ、今ヤ將ニ根津八重垣町ニ於テ其威ヲ揮ヘリ、管

本郷駒込警察署
1099頁

騷擾漸ク甚シク、流言亦次第ニ擴大セラレ、同三日ニハ「鮮人等毒藥ヲ井戸ニ投ジタリ」ト云ヒ果テハ「中澁谷某ノ井戸ニ毒藥ヲ投セリ」トテ之ヲ告訴スルモノアリタレドモ、就キテ之ヲ檢スルニ又事實ニアラズ、更ニ同日ノ夜ニ及ビテハ或ハ「鮮人ガ暴行ヲ爲スノ牒符ナリ」トテ種々ノ暗號ヲ記シタル紙片ヲ提出シ、或ハ元廣尾附近ニ其牒符ヲ記セルヲ見タリトテ事實ヲ立證スルモノアリ、人心之ガ爲ニ益々動搖シ

渋谷警察署
1285頁

資料23

投毒流言無根
井戸檢査の結果

二日神奈川縣橘樹郡川崎町御幸、住吉、大師、田崎各町村の井中に鮮人が毒藥投入の流言が傳はつたので川崎署で檢査の結果全く無根な事が判つた

国民新聞
1923年10月1日

「約6000人」をめぐって――
虐殺犠牲者の人数を考える

自国の負の歴史を否定したい否定論者（歴史修正主義者）は、しばしば被害者数の問題をキャンペーンに使う。関東大震災時の朝鮮人虐殺についても、「6000人も殺されたというのは嘘だ」と書いているのをよく目にする。それさえ言えば虐殺の史実そのものを否定できる、あるいはそんな社会的ムードをつくれる――と考えているらしい。だが実は、彼らが騒ぐはるか前から、虐殺研究においては、「6000人」という数が正確とは言えないことは

指摘されている。虐殺の犠牲者数をどう考えるのか、整理しておきたい。

関東大震災時に殺された朝鮮人の数を正確に特定することは不可能である。そのことは研究者が口をそろえて指摘している。なぜかといえば、「遺骨は内鮮人判明せざる様処置すること」（朝鮮総督府警務局「関東地方震災ノ朝鮮ニ及ホシタル状況」）という方針に現れているように、当時の日本政府が事件のわい小化を図り、被害の全貌を調査しなかったからである。

朝鮮人被殺者数を示す数字として、しばしば、司法省報告にある「233人」が挙げられる。だがこの数は、刑事事件として立件された朝鮮人殺害事件の被殺者数を合算したものにすぎず、虐殺事件の全貌を示すものではない。

第一に、当時の日本政府は朝鮮人殺傷事件について限定的にしか検挙・起訴を行わなかったので、刑事事件として立件されたものは実際に起きた殺傷行為のごく一部にすぎないからだ。たとえば、虐殺の証言が数多く残る横浜を含む神奈川県全体で、立件されたのがたったの2件、被殺者2人だけであることを見ても、それは明らかだ。第二に、この233人には軍による殺害が含まれていない。戒厳司令部の内部文書でさえ、軍に殺害された朝鮮人、中国人、日本人の数を266人としている。実数はそれよりはるかに多いはずである。第三に、そもそも治安当局が把握していない殺傷行為が膨大にあったと推測されるからだ。

この司法省報告の他に、朝鮮総督府が内部文書で被殺者の「見込み数」として掲げた813人がある。しかしその根拠は不明である。

これに対して、冒頭に取り上げた「約6000人」という数は、震災の翌月、翌々月と、朝鮮人留学生らが警察の妨害をかいくぐって関東全域を踏破し調査した結果を基に、上海に本拠を置く独立運動機関紙「独立新聞」がその年12月に発表したものだ。正確には、独立新聞は被殺者数を6661人とした。

この数字は、朝鮮人虐殺についての歴史学的研究が始まった1950年代末以降、最も有力な調査結果として考えられてきた（この他に、同じ調査の途中の取りまとめを基にした吉野作造論文の「2613人」などの数字がある）。震災当時の日本政府が事態のわい小化や隠蔽に努める中、同胞の死の真相を明らかにしようという熱意をもって行われた朝鮮人留学生の調査であるから、一定の説得力を持つようになるのは当然だった。

そのため近年まで、一般的な歴史書では「6000人が殺された」と断定的に書いてあるのが普通だった。たとえば、「新しい歴史教科書をつくる会」で理事を務め、今はフジサンケイ系の育鵬社の歴史教科書の編集に参加する伊藤隆・東大名誉教授が1989年に発表した文章(『日本歴史大系5近代Ⅱ』収録の「中間内閣と政党内閣」、山川出版社)の中にも、あるいは防衛大学学長も務めた猪木正道・京大名誉教授が95年に刊行した『軍国日本の興亡――日清戦争から日中戦争へ』(中公新書)の中にも、「6000人が殺された」という記述がある。

犠牲者数についての検証があらためて試みられたのは、70～80年代、地域住民の証言や記録の掘り起こしなどを通じて各地の虐殺の実態が詳細に明らかになっていった後のことだ。2003年、虐殺研究の第一人者である山田昭次・立教大学名誉教授が「独立新聞」の集計過程の検証や各地の掘り起こしを踏まえて、「6000人」という数字の信憑性を検証し、これを「そのまま肯定できない」「朝鮮人虐殺数が数千人に達したことは疑いないが、これを厳密に確定することはもはや今日では不可能である」と指摘した(山田『関東大震災時の朝鮮人虐殺――その国家責任と民衆責任』創史社・2003年)。

こうした研究の進展により、最近は「数千人に上ると見られる」といった幅のある表現が多くなった。08年にまとめられた内閣府中央防災会議の専門調査会報告「1923関東大震災【第2編】」では、朝鮮人や中国人、そして間違えられて殺された日本人の被殺者数について、千人～数千人という推計を示している。ただし、今でも「6000人が殺された」と書いてある本は少なくないし、一つの推測として例示すること自体が明確な誤りだとまでは言えないだろう。

虐殺された犠牲者の実数に接近し、彼ら一人ひとりの名前を明らかにすることは、困難ではあってもまじめな研究課題である。だが否定論者が「6000人」にこだわる動機は、それとは全く別物だ。彼らは人々が虐殺の史実と向き合うこと自体が気に食わないのであり、その狙いは史実をうやむやにするところにある。まじめな研究や議論とは正反対の態度なのである。

第2章 虐殺否定論はトリックである

注意!!!

有りもせぬ事を言觸らすと、處罰されます。

朝鮮人の狂暴や、大地震が再來する、囚人が脱監したなぞと言傳へて處罰されたものは多數あります。

節柄皆様注意して下さい。

警視廳

虐殺否定論を「発明」した工藤夫妻

第1章で、私たちはインターネット上に広がる朝鮮人虐殺否定論について検証し、それらが無知や誤った理解の上に立つ荒唐無稽な主張であることを確認してきた。

第2章で取り上げるのは、こうした虐殺否定論を「発明」したノンフィクション作家の工藤美代子氏と、その夫の加藤康男氏の著書である。そう、虐殺否定論とは、そもそも彼らが**発明した**ものなのである。

二人について簡単に説明しておく。工藤美代子氏は1950年生まれ。『海燃ゆ　山本五十六の生涯』（講談社、2004年）、『炎情　熟年離婚と性』（中央公論新社・2009年）、『なぜノンフィクション作家はお化けが視えるのか』（中公文庫・2012年）、『美智子皇后の真実』（幻冬舎・2017年）と、様々なジャンルで著書を持つ。一方で、新しい歴史教科書をつくる会の副会長や日本会議系の「夫婦別姓に反対し家族の絆を守る国民委員会」の呼びかけ人を務めた経歴がある右派言論人でもある。

夫の加藤康男氏は1941年生まれ。集英社で文芸誌「すばる」編集長などを経た後、ベースボールマガジン社系列の恒文社専務取締役に。1928年に関東軍が行った張作霖爆殺に実はコミンテルンが関与していたと主張する『謎解き「張作霖爆殺事件」』（PHP新書・2011年）や、日本人居留民が中国兵に虐殺された通州事件について「新資料多数発掘」を踏まえて執筆した『慟哭の通州』（飛鳥新社・2016年）など、近現代史をテーマにした著書を出している。

彼らの朝鮮人虐殺否定論は、まず工藤美代子の名義で週刊誌「SAPIO」（小学館）に連載され、2009年には『関東大震災「朝鮮人虐殺」の真実』（産経新聞出版）として刊行された【↓資料24】。2014年には『関東大震災「朝鮮人虐殺」はなかった』（WAC）が、今度は加藤康男の名義で刊行された【↓資料25】。

なぜ「名義で」と書くかと言えば、この『関東大震災「朝鮮人虐殺」の真実』と『関東大震災「朝鮮人虐殺」

はなかった』が**同一の本でありながら再版にあたって著者名が変更されるという奇怪なことになっている**からだ。著者が再版にあたってペンネームを変えることはあっても、著者そのものが別人になってしまうなど聞いたことがないが、加藤康男氏はその理由を、14年の新版『なかった』の後書きの中で「これまでの著者名は妻・工藤美代子名義にしてきたが、取材・執筆を共同で行ってきた」し、自分が「大幅に加筆した」ので、著者名も変えたのだと説明している。実際には新版『なかった』**全378頁のうち、加筆されているのは8頁分ほどなので、「大幅に加筆」と言えるのかどうか疑問**である。論旨に大きく関わる変更もない。

そもそも「取材・執筆を共同で行ってきた」と言うのが事実なら、初めから工藤美代子氏と加藤康男氏の共著と表記すればいいのではないか。ややこしいので、本書では彼らの2冊の本のタイトルを併せて『なかった』と表記し、著者をまとめて「工藤夫妻」と呼ぶことにする。

資料24 『関東大震災「朝鮮人虐殺」の真実』工藤美代子 産経新聞出版 2009

資料25 『関東大震災「朝鮮人虐殺」はなかった！』加藤康男 WAC 2014

朝鮮人虐殺否定論を「発明」した2冊。内容はほぼ同一にもかかわらず、著者名も出版社も変更されている。
新版の帯には「いずれの方角から調査しても、関東大震災時に日本人が『朝鮮人虐殺』をしたという痕跡はない。あったのは、朝鮮人のテロ行為に対する自警団側の正当防衛による死者のみである」と書かれている。

〝トンデモ本〟ではなく〝トリック本〟

さて、この『なかった』こそが、ネットに広がる虐殺否定論の元祖である。そしてこの本は「朝鮮人虐殺はなかった」というトンデモな主張を行っているわけだが、私は今、この本を、いわゆる「トンデモ本」と一緒にするべきではないと考えている。

トンデモ本とは、たとえば大和朝廷を開いたのはユダヤ人だとか、月の裏側にはUFOの基地があるなどといった荒唐無稽な主張を行う本のことだろう。しかし、いくら荒唐無稽であっても、これらの本の著者自身は、とにもかくにも自らの主張を信じている(はずである)。ところが『なかった』の著者について言えば、**彼らが自らの主張を本当に信じているのかどうか疑わしい**のである。なぜなら、この本の内容を仔細に検証すればするほど、その主張が、史料の恣意的な切り貼りなどの意図的な作業によって初めて成立していることが分かるからだ。

マジシャンが演じる見事なトリックを見て超能力だと早合点する人はいても、自らを超能力者だと思い込みながらマジックを披露するマジシャンは存在しないだろう。本人はタネを知っているのだから当然だ。つまり、『なかった』はトンデモ本ではなく、自らも信じてはいない「朝鮮人虐殺はなかった」という主張を読者に信じさせるために**様々なトリックを駆使した〝トリック本〟**なのである。本章の目的はそのトリックのタネ明かしにある。

【第一のトリック】震災直後の流言記事を「証拠」扱い

さて、『なかった』の主張を一言でまとめると〝朝鮮人虐殺なんてなかった。なぜなら、それは地震に乗じて暴動を起こした朝鮮人に対する日本人の反撃であって、一方的な虐殺ではなかったからだ〟ということになる。その結論を、彼らは本の冒頭であらかじめ掲げている。

震災に乗じて朝鮮の民族独立運動家たちが計画した不穏な行動は、やがて事実の欠片もない『流言蜚語』であるかのように伝えられてきた。(略)何の罪もない者を殺害したとされる『朝鮮人虐殺』は、はたして本当にあったのか。日本人は途方もない謀略宣伝の渦に呑まれ、そう信じ込まされてきたのではあるまいか

(『なかった』新版20頁。以下、頁数はすべて新版による)

つまり、罪のない朝鮮人が虐殺されたという歴史理解は「謀略宣伝」の結果であって、実際には、日本人は朝鮮独立勢力の「不穏な行動」への自衛反撃を行ったのであり、「虐殺」ではない、というのが、彼らの主張なのである。

工藤夫妻によれば、事件の真相はこうだ。「朝鮮人テロリスト」たちは以前から摂政宮(皇太子、後の昭和天皇)襲撃の計画を立てていたが、大地震が起きたので、これに乗じて首都を混乱に陥れるべく各地で蜂起し、放火や爆弾投擲、井戸への投毒を行った。これに対して、日本人の庶民は自警団を組織して反撃した。今日、「朝鮮人虐殺」と呼ばれているのは、この正当な反撃のことなのだ——。

その証拠として工藤夫妻が読者に示すのが、第1章で紹介したような震災直後の新聞記事だ。〝当時の新聞に「朝鮮人が暴動を起こしている」「朝鮮人が放火を行っている」と書いてあるではないか〟というのである。実はこうした論法を発明したのが、他ならぬ工藤夫妻なのである。『なかった』の第一の、そして最大のトリックが、この震災直後の誤報記事の悪用だ。

彼らは朝鮮人の暴動を伝える当時の記事を、『なかった』全編にわたって次から次へと引用してみせる。

「目黒と工廠の火薬爆発/朝鮮人の暴徒が起つて横浜、神奈川を経て八王子に向つて盛んに火を放ちつつ

あるのを見た」（『大阪朝日新聞』同年9月2日）
「不逞（ふてい）の鮮人約二千は腕を組んで（横浜）市中を横行」（『河北新報』同年9月5日）
「品川には三日に横浜方面から三百人位の朝鮮人が押寄せ掠奪したり爆弾を投じたりするので近所の住民は獲物を以て戦ひました」（『北海タイムス』同年9月6日）
こうした記事こそが、『なかった』に迫力と信憑（ぴょう）性を与えている。朝鮮人の暴動を伝える記事が、こんなにはっきりと、これほど多く残されているのか。これまで教えられてきた歴史とは正反対ではないか！というわけである。
だが震災直後に氾濫した**こうした記事が「朝鮮人暴動」実在の証拠にはなり得ない**ということは、第1章で説明したとおりである【➡40頁】。もう一度確認しておこう。

「暴動」を否定する10月以降の記事は黙殺

「朝鮮人暴動」が盛んに報じられるのは、9月1日の震災発生から1週間ほどの時期のことである。先に紹介した3つの記事もその時期のものだ。しかしそれを過ぎると、そうした記事はぱったりと姿を消してしまう。

この1週間は、新聞報道が大混乱に陥っていた時期に当たる。

震災によって東京市内にあった十数の新聞社が3社を除いて壊滅し、通信や交通も崩壊してしまったのだから当然だ。そうした中で、避難民から聞き取った話などがそのまま記事になり、憶測や噂が裏も取らずに事実として活字となる。「山本首相暗殺」「伊豆大島沈没」「富士山爆発」「名古屋全滅」といったとんでもない虚報・誤報が横行したのである【➡資料15・16／48〜51頁】。

特に治安上、問題があったのが「朝鮮人暴動」記事だったことは言うまでもない。9月3日、警視庁は新聞各社に「朝鮮人の妄動に関する風説は虚伝にわたること極めて多く……一切掲載せざる様」（『大正大震火災誌』）にと要請する。7日にはついに、流言やその報道について罰則をもって取りしまる治安維持令が発せられた。朝鮮人関連報道は禁止され、ようやく「朝鮮人暴動」流言記事は姿を消したのであった。

同年10月20日に朝鮮人問題についての報道規制が解除されたとき、新聞各紙がいっせいに書きたてたのは、「朝鮮人暴動」ではなく自警団による虐殺事件だった。

「流言蜚語に迷って逆上していた」自警団が「鮮人と見れば片っ端から虐殺」した残酷な様相であり、彼らの検挙や裁判の報であり、加えて一時は流言を拡散して虐殺を助長した行政の責任問題であった。当然のことだろう。

そして、震災直後の新聞がデカデカと報じた「朝鮮人暴動」だが、〝私がこの目で見ました〟とする証言は、ついに現れなかった。

たとえば、先に紹介したように、工藤夫妻の本で引用されている「不逞の鮮人約二千は腕を組んで（横浜）市中を横行」という9月4日付けの記事である。これは、避難民が耳にした噂について語った内容を談話としてまとめたものだ。朝鮮人2000人が腕を組んで横行したのであれば、多くの人が目撃していなければおかしいが、世の中が落ち着いてみれば、そんな光景をこの目で見たという人は一人も現われなかった。

神奈川県知事は早くも9月4日の時点で「（朝鮮人が）隊伍を組みて来襲せしなどのこと皆無なり」と報告しているし、その後に横浜に進駐した陸軍の神奈川警備隊司令官（奥平俊藏中将）は、「之（朝鮮人についての流言）を徹底的に調査せしに悉く事実無根に帰着せり」「騒擾の原因は不逞日本人にある」と後に回想している。

しかし工藤夫妻は、**朝鮮人暴動の存在が否定された10月以降の新聞記事を引用することはせず、混乱のさなかにあった震災直後の「朝鮮人暴動」記事をひたすら並べていく。**彼らが『なかった』において〝朝鮮人暴動実在の証拠〟という文脈で引用している16本の史料中、12本が9月8日までの、つまり震災直後の新聞記事である【➡資料39／➡162頁】。

虐殺研究書から流言記事を抜き出して否定論に悪用

加えて、この16本の史料のうち11本までが、姜徳相（カンドクサン）／琴秉洞（クムビョンドン）編『現代史資料6　関東大震災と朝鮮人』（みすず書房、1963年）に収録されているものである【➡資料26】。『現代史資料6』は、虐殺研究の基本的な史料集成として有名な本で、たいていの大学図書館や地域の大型図書館には所蔵されている。

つまり、『なかった』で引用されている「朝鮮人暴動」史料の多くは、**誰でも簡単に入手できる有名な虐殺研究書に収録されている記事を、右から左に書き写しただけ**のものなのである。実際、工藤夫妻は後書きで『現代史資料6』編者に向けて「特に参考にさせていただき、多くの示唆を得た」と**謝辞まで書いている。**

ところで、この史料集成には、震災直後の記事だけでなく、自警団の暴虐を伝える10月以降の新聞記事も収録されている。つまり工藤夫妻は、10月以降の記事を含め、虐殺の実相を伝える様々な史料に目を通しているということだ。その上で、あえて震災直後の「朝鮮人暴動」記事だけを抜き出して書き写し、読者に「事実」として提示しているのである。これが、『なかった』の主張を支える第一のトリックだ。

虐殺研究のための史料集成として編集された『現代史資料6』に、「朝鮮人暴動」を伝える記事が多く掲載されているのは、それらが「朝鮮人暴動」の実在を伝える史料ではなく、流言を伝えていると認識されているからである。いちいち、これは事実ではありませんよと注意書きすらしないのは、そんなことが研究者にとっては常識に属することだからである。

実際、これらの記事を題材に、流言やメディアについて研究する論文も書かれている。もし工藤夫妻が「朝鮮人暴動」記事は事実を伝えているのだと本気で主張したいのであれば、そう断定できる根拠を示す必要がある。

言い換えれば、「暴動は事実ではなかった。震災直後の新聞は流言を裏も取らずに書き散らした」という研究者たちの認識に対して、「朝鮮人暴動は本当にあった。その証拠に見ろ、震災直後の新聞にそう書いてあるじゃないか」と言い返すのでは、**そもそも「反証」にすらなっていない**。震災直後の新聞が伝える「朝鮮人暴動」が、10月以降の新聞記事や行政文書、様々な回想などによって否定されていることを思えばなおさらである。

もちろん工藤夫妻はそんなことは全て承知の上であろう。歴史学者が聞けばあきれるしかない論法ではあるが、彼らは何も学者に論争を挑もうと思っているわけではない。事情を知らない一般読者を驚かせ、彼らの耳目を引きつけることができれば、それで十分なのである。

資料26 『現代史資料6
関東大震災と朝鮮人』
姜徳相, 琴秉洞編
みすず書房
1963

朝鮮人虐殺研究のために編まれた古典とも言うべき史料集成。各地の図書館で閲覧できるほか、みすず書房の公式サイトでオンデマンド版を購入できる

【第二のトリック】政府隠蔽説の根拠は「お父さんの一言」

だが、朝鮮人暴動を生々しく伝える震災直後の新聞記事に驚き、工藤夫妻の説明を真に受けたとしても、読者の脳裏には次の疑問が生じるに違いない。つまり、「朝鮮人暴動」を伝える記事がこれほど多く残っているのに、なぜその後、朝鮮人暴動がなかったことにされ、代わりに「朝鮮人虐殺」なるものが語り継がれてきたのか、という疑問だ。

これに対する工藤夫妻の答えは、**〝それは当時の政府が真相を隠蔽（いんぺい）したからだ〟**というものだ。「実際に起きた事実をあとになって隠蔽し、『朝鮮人の襲撃はなかった』ことにしたのは、実は政府そのものなのである」（170頁）というわけだ。

この主張を読者に信じさせるために、彼らは第二のトリックを披露する。

まずは彼らの主張する「政府の隠蔽」説の内容を見てみよう。

工藤夫妻によれば、隠蔽を主導したのは震災直後の1923年9月2日に就任した内務大臣・後藤新平だという。後藤が、朝鮮人暴徒と戦う自警団を抑え込み、さらにメディアの統制や操作を通じて暴動の実在そのものを隠蔽していったのだ。その動機は、**〝朝鮮人テロリストをあまり追い詰めると、天皇や摂政宮を襲うかもしれないから〟**というもの。工藤夫妻は、隠蔽を推し進める後藤新平と、それに反発する当時の警視庁官房主事・正力松太郎（しょうりき）（後の読売新聞社主）のやりとりを**小説のように生き生きと**描いてみせる。

後藤が打ち出した内務省の方針が、朝鮮人を救うこと、自警団の武装解除だったから正力は当初我が目を疑った。これでは市民の生命の安全は保障できないと、本気で後藤に噛み付いたことも一再ならずあったといった具合だ。
しかし、こうしたやりとりにいかなる史料的裏づけがあるのかは、**全く示されていない**。巻末に掲げられた「参考文献」を1冊ずつ確かめても、それに対応する記述は見当たらない。たとえば鶴見祐輔による正伝『後藤新平伝』の中にも、正力松太郎の回顧録『悪戦苦闘』の中にも、「朝鮮人暴動」の実在とその隠蔽についてのはっきりした記述はおろか、**それを匂わせる箇所もない**のである。正力が「我が目を疑った」り、「本気で後藤に噛み付いた」りしたという記述もない。後藤についてのこれまでの研究書にもそんな指摘は見当たらない。それどころか、工藤夫妻が描いてみせるストーリーは、震災当時の政府の動向として分かっている多くの事実とさえ矛盾している。
それでもとにかく『なかった』を読み進めていくと、ようやく「政府隠蔽説」の唯一の根拠が示される。それが、後藤新平の発言と称する次の台詞である。

正力君、朝鮮人の暴動があったことは事実だし、自分は知らないわけではない。だがな、このまま自警団に任せて力で押し潰せば、彼らとてそのままは引き下がらないだろう。必ずその報復がくる。報復の矢先が万が一にも御上（天皇）に向けられるようなことがあったら、腹を切ったくらいでは済まされない。だからここは、自警団には気の毒だが、引いてもらう。ねぎらいはするつもりだがね
（214頁）

「政府の隠蔽」をとても説明的に分かりやすく語ってくれているこの台詞は、ベースボール・マガジン社の創業者である池田恒雄氏が戦後、正力松太郎から聞いた後藤新平の言葉だそうだ。それを工藤夫妻が池

田恒雄氏から直接、聞いたのだという。なるほど、後藤新平がここまで明確に朝鮮人暴動の実在と政府の隠蔽を語っているのであれば、工藤夫妻の言うことにも説得力が出てくるというものである。この引用に続いて工藤夫妻はこう続ける。

38歳の正力は百戦錬磨の後藤のこの言葉に感激し、以後、顔には出さずに「風評」(朝鮮人暴動のこと)**の打ち消し役に徹した。**

だが立ち止まって考えてみよう。どうしてここで唐突にベースボール・マガジン社の創業者なる人物が出てくるのか。いったい、池田恒雄氏とは誰なのか。その答えは、『なかった』の中には書かれていないが、インターネットで検索すればたちどころに分かる。

実は、**池田恒雄氏とは工藤美代子氏の実父**、つまり、加藤康男氏の義父なのである。

つまり、工藤夫妻が「朝鮮人暴動説」成立に不可欠な「政府の隠蔽説」を証明するにあたって示すことができた、たった一つの〝証拠〟は、**「お父さんから聞いた(と称する)話」**なのだ。しかも、そのお父さんは震災当時の要人でもないし、目撃者ですらない(震災当時は12歳の少年だ)。そして、それをお父さんから聞いた(と主張している)のは娘と義理の息子のふたりだけ。さらにお父さんは『なかった』の旧版、つまり『関東大震災「朝鮮人虐殺」の真実』が出版される7年も前に亡くなっている。その上、工藤夫妻は池田氏が自分たちの父親であるという事実を同書の中ではなぜか伏せているのである。

こんな話を真に受けることができるだろうか。だがこれが、『なかった』の根幹をなす「政府の隠蔽説」を支える重要な「第二のトリック」なのである(ちなみに『なかった』64頁では**工藤美代子氏の祖父が特に必然性もなく登場**し、「奮闘」する。ほほえましい家族愛ではある)。

膨大な記録が残る虐殺の史実

ここでいったん、第一のトリックと第二のトリックについて整理しておこう。

工藤夫妻は、「朝鮮の民族独立運動家たち」が「震災に乗じて」暴動を起こしたのは事実だと主張する。にもかかわらず、その後、政府の隠蔽や朝鮮人組織の「途方もない謀略宣伝」によって、それが「事実の欠片もない『流言蜚語』であるかのように」否定され、その代わりに「何の罪もない者を殺害したとされる『朝鮮人虐殺』」という嘘がまかり通ってきたのだという。

工藤夫妻はそれを証明するものとして、「朝鮮人暴動」を伝える多くの新聞記事の存在を提示する。こうした記事がたくさん残っていること自体が「暴動」実在の証拠だというわけだ。そのために彼らが選んだ方法は、非常に有名な虐殺史料集成である『現代史資料6』から、震災直後の誤報・虚報として知られている記事を抜き出して、事情を知らない読者に「事実」として示すことだった。その際、これらの記事に現れる「朝鮮人暴動」の信憑性を否定する10月以降の記事や史料については完全に無視し、読者にも示さない。これが『なかった』を成り立たせる「第一のトリック」である。

次に工藤夫妻は、ではなぜ朝鮮人暴動が否定され、罪もない朝鮮人が虐殺されたという話が定着してしまったのだろうかという疑問に対して、〝それは政府が隠蔽したからだ〟と答え、その証拠として後藤新平の言葉なるものを提示する。朝鮮人暴動の実在と政府によるその隠蔽を分かりやすく告白する後藤の言葉を正力松太郎が聞き、それを正力から池田恒雄氏が聞き、さらに池田氏から工藤夫妻が聞いたというのである。ところがこの池田氏は、工藤夫妻のお父さんであった（彼らはその事実を「隠蔽」した）。つまり、『なかった』の主張を成り立たせるために絶対不可欠な「政府の隠蔽」説は、彼らだけが聞くことができた「亡父の一言」の上に成り立っている。これが『なかった』を成立させる「第二のトリック」である。

工藤夫妻は、**こんな初歩的なトリックによって常識的な歴史認識をひっくり返そうと試みている**のである。だが、関東大震災時に事実無根の流言によって多くの朝鮮人が殺されたという歴史的理解は、工藤夫妻が一般読者にそう見せようとしているより、はるかに分厚い事実と、記録とに基づいている。

当時の司法省の報告（『現代史資料6』収録）を見れば、朝鮮人や、朝鮮人と間違えて中国人や日本人を殺傷したことで起訴された日本人が500人以上もいる一方で、殺人・暴行、放火、強盗、強姦の罪で起訴された朝鮮人が1人もいないことが分かる。

また警視庁の震災報告『大正大震火災誌』には、どのような流言がどのように広まっていったのかについての詳細な調査結果が掲載されている。軍の文書には、朝鮮人暴徒鎮圧のために出動したがそんなものは存在しなかったという記録がいくつもある。当時の保守系紙の国民新聞でさえ、震災2ヵ月後の社説で「流言に伴って、随所に朝鮮人に対する殺傷が行われた。虐殺さえも行われた」「この不祥事は蔽わんとして蔽う能わず」「簡明に言えば、日本人が朝鮮人を迫害したのである」と書いた。

こうした当時の世間の認識は、すべて後藤新平内務大臣の隠蔽や情報工作の結果なのであろうか。それでは、隠蔽を指示したはずの後藤新平が率いている内務省警保局（治安機関のトップ）が、震災の1年半後に在日朝鮮人の治安動向を詳細にまとめた内部文書『最近ニ於ケル在留朝鮮人ノ情況』（萩野富士夫編『特高警察関係資料集成』12巻収録）で「朝鮮人に対する不祥事件」という控えめな表現で虐殺事件について言及している一方で、「朝鮮人暴動」の話など一言も書いていないという事実をどう説明するのだろうか。

関東大震災は関東地方の数百万人が経験した大事件であるから、無数の人々が自らの経験や見聞を書き残している。政治家や文化人などに加えて庶民の証言も多い。手記や日記のほか、自治体や学者による聞き取りから老人ホームの思い出集まで、数え切れないほどだ。そのどこにも、**腕を組んで横行する数千の朝鮮人をこの目で見たとか、爆弾を投げて歩く朝鮮人を見たとか、井戸の毒水を飲んで悶え死ぬ人を見た**

といった目撃証言は残っていない。

残っているのは、「朝鮮人暴動」流言に怯えたという回想であり、自警団や軍が朝鮮人を迫害し、殺すのを見たという証言ばかりである。なにしろ、『関東大震災朝鮮人虐殺の記録　東京地区別1100の証言』(西崎雅夫、現代書館・2016年)という500頁を超す大著が存在するほどなのだ。

「朝鮮人暴動」が事実無根の流言だったこと、その流言を信じた自警団や軍人たちによって、罪のない多くの朝鮮人が残酷に殺されたこと。その事実を否定するのは、東京大空襲があったことを否定するのと同じくらい不可能なことである。だからこそ、北岡伸一氏(東京大学名誉教授)や伊藤隆氏(東京大学名誉教授で新しい歴史教科書をつくる会の元理事)のような保守派の歴史学者であっても、朝鮮人虐殺の史実そのものを疑おうとは考えもしないし、内閣府中央防災会議の専門調査会が2009年に発表した『1923関東大震災【第2編】』【↓付録②】でも、虐殺事件とその教訓に大きくページを割いているのである。こうした歴史認識の厚みをひっくり返すことは不可能だ。

【第三のトリック】朝鮮人犠牲者の数を極少化する数字の詐術

『なかった』の中心的な主張がどのようなトリックに基づくものかについての基本的な解明は、以上で尽きている。だが『なかった』には、それ以外の枝葉の部分でも、様々なトリックが散りばめられているので、続けてそれらのトリックの数々を紹介してみよう。

「第三のトリック」は、殺された朝鮮人の数をめぐる推計である。

工藤夫妻は、これまでの研究は殺された朝鮮人の数を過大に見積もってきたのではないかと疑義を呈してみせる。そしてその根拠として、それらは地震と火災による死者数を考慮に入れていないと指摘する。あの震災では10万5000人が亡くなった。朝鮮人だってたくさん死んだはずであり、その数を考慮に入れれば、殺害された朝鮮人の数はもっと少ないはずだというのである。そして、実際にいくつかの数字を足し引きして、殺された朝鮮人の数を算出してみせる。これは理屈としてはなかなか説得力がありそうだが、実際にはどうだろうか。

細かい計算の話になるが、しばらく付き合っていただきたい。

まずは歴史的前提を説明しなければならない。9月1日に関東大震災が発生し、その夜には「朝鮮人暴動」の流言が現れ、朝鮮人の迫害が始まった。警察も当初は朝鮮人を容疑者として扱い、全ての朝鮮人の検束に乗り出した。その後、「暴動」が事実無根だと分かると、各警察署に収容されていた朝鮮人たちはそのまま「保護」の対象となり、千葉県習志野（ならしの）にある旧捕虜収容所などに移送された。

工藤夫妻は、この事実から殺された朝鮮人の数を割り出せるとする。地震の直前に「東京近県」（東京府、神奈川、埼玉、千葉の各県）に住んでいた朝鮮人の数Ａから、震災を生き延びて収容所に収容された数Ｂを差し引いた残りが、何らかの理由によって亡くなった人の数Ｃということになる。だがこの亡くなった人Ｃの全員を、殺害された人と見なすことはできない。なぜなら、その中には地震や火災で亡くなった人も含まれているはずだからである。そこで工藤夫妻は、Ｃの内訳を震災で命を落とした人と虐殺された人とに分けることを試みる。具体的には、東京近県に住んでいた朝鮮人の人口Ａに震災による死亡率をかけて震災死者数の推計Ｄを割り出し、これをＣから引くという作業を行う。それによって算出される数Ｅが、殺害された朝鮮人の数ということになるというわけだ。

結論から言うと、この推計作業を通じて工藤夫妻は朝鮮人被殺者数を約1000人と見積もる。さらに彼らは、この1000人を、司法省が殺人事件として立件した53件の殺人事件の被殺者合計233人と、立件されていない被殺者約800人に分けてみせる。立件された事件の犠牲者は日本人の「過剰防衛」によって殺された「無辜（むこ）の朝鮮人」であり、残りの800人はテロリストなのだそうだ。**もちろん彼らがテ**

ロリストである証拠は何も示されてはいない。すでに「朝鮮人暴動」など存在しなかったことを確認している私たちは、この根拠のない主張に付き合う必要はないだろう。要するに工藤夫妻は、朝鮮人被殺者数を約1000人と見積もったのである。

ただ、この下りで工藤夫妻が書いていることのお粗末さには少し触れておこう。彼らは「戒厳司令部は自警団等による過剰防衛容疑の日本人367人を起訴した」などと書いている。だが、ここにはふたつの間違いがある。第一に、震災時の戒厳司令部には一般の犯罪について誰かを「起訴する」権限など与えられていない。第二に、朝鮮人殺害について「過剰防衛容疑」なる珍妙な罪名で起訴された日本人は一人もいない。そのことは、彼らが根拠として言及する司法省報告を読んでいれば分かることである。

司法省報告の第4章「鮮人を殺傷したる事犯」のリストに並んでいる罪名は殺人、殺人未遂、傷害致死、傷害の4種類だけだ。**そもそも過剰防衛罪（?）なる「罪名」など今も昔も存在しない。**犯行の実態が過剰防衛だったと言いたいのかもしれないが、司法省報告は犯行の様相について「日本刀を以て殺害す」「電柱に縛（ばく）し置きて鳶口（とびぐち）にて殴打殺害す」といった簡略な説明しか添えていないのであり、何らかの意味で「防衛」の過程で起きた殺人であったことをうかがわせるものは、その中に1件もない。

あいまいな数字を重ねる「推計」

話を朝鮮人被殺者数の推計に戻し、工藤夫妻の計算方法を整理してみよう

①地震の直前に関東地方に住んでいた朝鮮人の人口**A**から、震災を生き延びて収容所に収容された数**B**を引けば、残りがこの時期の朝鮮人の全死者数**C**ということになる

②**A**に震災による死亡率をかけることで推定震災死者数**D**を割り出す。**C**から**D**を引けば、残りが殺害

された朝鮮人の数である――

まず、工藤夫妻は前提となる**A**の算出から始める。『なかった』では、震災の時点で東京近県に住む朝鮮人の人口を1万2000人（東京9000人、そのほか3000人）とする。この数字の出所は示されていないが、当時の関東地方の朝鮮人人口を1万2000〜1万3000と推計する論文もあるので、非現実的な数字ではない。とはいえ、あくまでひとつの推測である。当時の行政機関も「震災前東京に在住した鮮人の数は移動甚しき為正確には知り難い」（朝鮮総督府官房外事課、『現代史資料6』459頁）としている。

しかし工藤夫妻はこの1万2000人という数字を確定的なものとして扱っている。そして、「政府関連文書」に基づいて、震災当時は東京で1800人、その他で400人の合計2200人の学生が夏休みのため帰郷していたとして、1万2000人から2200人を引き算し、震災時に関東地方にいた朝鮮人の数**A**は9800人であるという結論を出すのである。

工藤夫妻の言う「政府関連文書」とは恐らく、『現代史資料6』の256頁に掲載されている「在京鮮人の動静に関する件」のことだろう。そこには確かに、「在京鮮人留学生約三千名中大部分は休暇にて帰鮮し、震災に際会せる者約一千二三百ならん」とある。だが「ならん」とは推量表現である。この「在京鮮人の動静に関する件」はおそらくは震災から2週間以内に書かれた政府の緊急対応用のメモの類であって、確かな根拠をもったものではない。ちなみにそこには東京以外の地域の学生については言及がなく、工藤夫妻の言う**『その他で400』の根拠は不明**である。

そもそも、夏休みで関東を離れる学生もいれば、新しい現場仕事のために関東にやってくる労働者もいるわけで、単純な引き算が成立するはずがない（当時、日本内地にいる朝鮮人の多くは建設現場や工場で働く単身の労働者だった）。当時は、関東地方に朝鮮人労働者が急速に流入している時期でもあった。収容所の収容人数についても、まとめ方によってバラつきがある。つまり、推計を成り立たせる一つ一つの数字が、どれも不確定なものなのだ。そうした曖昧な数字を足したり引いたりする試算に、果たしてどれほどの意味があるだろうか。

教科書どおりの古典的な詭弁

だが、私がここで問題にしたいのは、この方法の不確かさではない。その先である。彼らは**またしてもトリックを紛れ込ませている**のだ。先の計算式で言うと**D**、殺害によってではなく震災によって命を落とした朝鮮人の数の算出方法についてである。工藤夫妻の方法論では、地震・火災による朝鮮人の死者数が多いほど、殺害による死者数は少なくなるという関係にあることに注意してほしい。

工藤夫妻はまず、地震による死者が下町界隈、とくに本所区（現・墨田区南部）、深川区（現・江東区北部）で多かったことを指摘する。次にこの地域は朝鮮人が多く住む場所であったと書く。そして、両区における一般の死亡率が15％だから、**粗末な住居に住んでいた朝鮮人の死亡率はもっと高いはずだ**とする。

「そこで、15パーセントより多目の20パーセントを対人口死亡率とし、被災基礎人口９８００人に乗ずれば１９６０人という数字が死者、行方不明者として算出される」（『なかった』２８７頁）

「被災基礎人口」とは、「東京近県」（東京府、神奈川、埼玉、千葉の各県）の朝鮮人の人口のことである。関東地方に住む朝鮮人の20％が地震・火災で死んだというのだ。

しかし、ちょっと考えてみよう。関東大震災全体の死者数は10万５０００人である。これを「東京近県」の当時の（日本人の）人口約８００万人に当てはめれば、一般の死亡率はせいぜい１％超ということになる。**なぜ同じ地域に住んでいるのに、朝鮮人だけは日本人の20倍もの犠牲者を出すのか。**

カギは、本所区と深川区という地名にある。実はこの両区は、関東大震災時の死亡率の高さで第１位と第3位を占めている。とくに第1位の本所区の死亡率は22%。2位の横浜の6・6%、3位の深川区の2・4%と比べても突出している（諸井隆文／武村雅之「関東地震（1923年9月1日）による被害要因別死者数の推定」）。本所区には、3万8000人が火災旋風によって命を落としたことで有名な陸軍被服廠跡（現在の横網町公園周辺）があったからである。関東大震災全体の死者・行方不明者10万5000人のうち、36%が本所区で亡くなっている。

つまり、この両区は死亡率において突出しているわけだが、工藤夫妻は、その両区の死亡率を朝鮮人に限って関東全域に拡大して当てはめ、関東全域での地震による死者数を推測するという計算を行っているのだ。例えて言えば、東日本大震災時に津波によって大きな被害を被った陸前高田市の被災率を東日本全域の人口に当てはめて、東日本大震災全体の死者数を「推測」するようなものである。

なぜそんなことになるかと言えば、〝本所区と深川区には朝鮮人が多かった〟という話を、いつの間にか〝故に朝鮮人の多く（ほとんど）は本所区と深川区に住んでいたのである〟という前提にすり替えているからである。これまた例えて言えば、**〝韓流タウンと言われる東京・新大久保には韓国人が多い。故に地球上の韓国人のほとんどは新大久保に住んでいるのである〟**と言うようなものだ。論理学の入門書に出てくるような古典的な詭弁である。

これが、『なかった』の「第三のトリック」である。朝鮮人犠牲者の数の推定にあたって、初歩的なトリックを紛れ込ませているのだ。

実際には、当時、朝鮮人の多くが深川・両国に住んでいたわけではない。朝鮮人の多くは工事現場で働いており、河川工事や発電所建設など、その現場は都心に限られないからだ。

関東大震災による死者数10万5000人を「東京近県」の当時の人口である800万人に当てはめると、その死亡率は1・3%となる。この死亡率を朝鮮人の人口に当てはめてみよう。工藤夫妻の主張する

「9800人」に当てはめると、地震による朝鮮人死者数は129人ということになる。学生の夏休みといった強引な統計操作をはずして「1万2000人」で計算すると156人。工藤夫妻が主張する1960人には程遠い。関東地方の朝鮮人の人口推定自体がかなりの幅をもつことを考え合わせれば、工藤夫妻の主張に反して、朝鮮人の被殺者数が数千人に上る可能性は排除できないという結論になる。そもそもこの方法論で正確な犠牲者数を割り出すこと自体が不可能なのである。

【第四のトリック】史料を都合に合わせて切り貼りする

続いて紹介するのは、引用史料の恣意的な切り取りという「第四のトリック」である。**肝心な部分の手前で引用を止める**ことで、史料原文が全体として語っていることと正反対の内容を主張するのである。

その一例が、『なかった』43頁での長岡熊雄判事の手記の引用だ。この手記の原典は、横浜地裁の関係者の震災手記を集めて1935年に出された『横浜地方裁判所震災略記』だが、工藤夫妻はそこから直接引用したのではなく、先述の『現代史資料6』から孫引きしたと思われる。

長岡判事の手記から引用されるのは、震災当日に火災を逃れて横浜港に停泊する船に避難した彼が、翌日朝に下船を希望する場面だ。

（9月2日朝）岡検事、内田検事は東京から通勤して居たので東京も不安だとの話を聞いてから自宅を心配し初めた。私も早く東京との連絡を執(と)らうと欲つて居たので若し出来ることなら両検事と一緒に上京し司法省及東京控訴院に報告しやうと思ひ、事務長に向ひランチの便あらば税関附近に上陸し裁判所の焼跡を見て司法省に報告したい、と話したが事務長は『陸上は危険ですから御上陸なさることは出来ない』といふ。何故危険かと問へば『鮮人の暴動です。昨夜来鮮人が暴動を起し市内各所に出没して強盗、強姦、殺人等をやって居る。殊に裁判所附近は最も危険で鮮人は小路に隠れてピストルを以て通行人を狙撃して居るとのことである。若し御疑あるならば現場を実見した巡査を御紹介しましやう』といふ

この引用に続けて、工藤夫妻は「横浜方面から品川に300人の朝鮮人が押し寄せて爆弾を投げたりした」という北海タイムスの9月6日付（つまり震災直後）の記事を引用し、「こうした証言は、あげれば際限がないほど多くを数える」と説明する。ふたつを併せて〝横浜で朝鮮人が暴動を起こしていた〟証拠として読者に掲示しているわけだ。

ところで先の引用をよくよく読むと、長岡判事の下船を止める船の事務長自身が朝鮮人暴動を目撃しているわけではないことが分かる。「現場を実見した」のはここに登場しない「巡査」だけなのだ。

そして実は、手記の原文では、工藤夫妻が引用を止めたこの部分のすぐ後に「巡査」本人が登場する。果たして巡査は何を語ったか。『現代史資料6』から抜き出してみよう。

私（長岡）は初めて鮮人の暴動を耳にし、異域無援の彼等は食料に窮し斯の如き兇暴を為すに至つたのだらうと考へ、事務長の紹介した県保安課の巡査（其名を記し置いたが何時か之を紛失した）に逢ひ其真偽を確めたところ、其巡査がいふには『昨日来、鮮人暴動の噂が市内に喧しく、昨夜私が長者町辺を通つたとき、中村町辺に銃声が聞こえました。警官は銃を持つて居ないから暴徒の所為に相違ないのです。噂に拠れば、鮮人は爆弾を携帯し、各所に放火し石油タンクを爆発させ、又井戸に毒を投げ婦女子を辱しむる等の暴行をして居るとのことです。今の処、御上陸は危険です』といふ

お分かりだろうか。「鮮人暴動の噂」「相違ないので」「噂に拠れば」「とのことです」。なんのことはない。この巡査もまた、噂と思い込みを語っているにすぎなかったのである。唯一の「実見」は銃声だが、当時は銃の所持への規制はゆるく、誰が持っていても不思議ではなかった。実際、『横浜市震災誌』第5集に掲載されている西河春海（朝日新聞記者）の手記「遭難と其前後」には、猟銃を撃つ自警団の男の話が出てくる。

虐殺の記録を「朝鮮人暴動」の記録にねじ曲げる

結局、長岡判事は制止を振り切って下船し、自宅のある品川へと向かう。彼はその道すがら、何を目撃したか。工藤夫妻が引用しない手記の続きを読んでみよう。

長岡判事は、横浜・伊勢崎町で人々が「人毎（ひとごと）に棒を持つて居る」のを見る。長岡氏は、朝鮮人と区別するために赤布を巻くように求められたかと思うと、別の地域では「赤布は既に鮮人の覚る所となつたから本日から白布に代へることになった」と言われて白布に変えるように言われたりする。「警察部長から鮮人と見れば殺害しても差支ないといふ通達が出て居ると誠しやかに説明する」人にも出会う。「其半分以上は伝聞の架空事に相違ないが、如何にも誠しやかに話すので聞く人は皆真実の事のやうに思つて居る」。子安（こやす）町に着くと、至るところで人々が武装している。

壮丁が夥（おびただ）しく抜刀又は竹槍を携へて往来し居る、鮮人警戒の為だといふ。元亀天正の乱世時代を再現した有様だ、其壮丁の一人が私の腕に巻ける白布を見て横浜では本日から白布に代わりましたかと問ふ／壮丁の一人は抜刀を突き付けて之を誰何（すいか）す、車上の男は恐縮頓首恭しく住所氏名を告げて通過を許された。壮丁の多くは車夫鳶（とび）職等の思慮なき輩で兇器を揮（ふるつ）て人を威嚇するのを面白がつて居る厄介

な痴漢である。くわえて之を統率する者がないので一人が騒げば他は之に雷同する有様で通行人は実に危険至極である

続いてこんな記述もある。

道にて鮮人の夫婦らしき顔をして居る者が五六人の壮丁の為詰問せられ懐中を検査せられて居るのを見た／生麦(なまむぎ)から鶴見にいく、此辺の壮丁も抜刀又は竹槍を携へて往来して居る。路傍に惨殺された死体五六を見た。余り残酷なる殺害方法なので筆にするのも嫌だ

この遺体は、「殺害しても差支ない」とされた朝鮮人、あるいは朝鮮人「らしき顔」をしていた人のものだろう。

つまり、この長岡判事の手記には「朝鮮人暴動」の目撃証言は出てこない。反対に、「朝鮮人暴動」の流言を信じた自警団による暴力と混乱を目撃した記録が、この手記の本筋なのである。ところが工藤夫妻は、いわば**手記の導入部である下船前の噂話の部分だけを引用することで、この手記を「朝鮮人暴動」の記録に仕立て上げて、内容を正反対にねじまげている**のだ。

ちなみに、『現代史資料6』は、長岡判事の手記に続いて、数人の判事やその家族の手記を『横浜地方裁判所震災略記』から転載しているが、そこには「道路における鮮人の死体、多数が鮮人を拉して行く様」「×××(「不逞鮮人」か)を銃剣にて刺殺」などと、朝鮮人虐殺の目撃談がいくつも出てくる。これらについても、工藤夫妻は読んでいるはずである。その上で、意図的に前記のような切り取り方をしているのだ。こうした方法は、『なかった』の他の部分でも繰り返されている。

【第五のトリック】都合の悪い部分をこっそり〝省略〟

「第五のトリック」も、史料の引用に関わるものだ。史料を引用するにあたって**原文を（略）と示さずにこっそり切り刻む**のである。先に示した「朝鮮人暴動」の証拠として示される史料16本の引用に限っても、そのうち7本でこの「こっそり省略」を行っている。

さらに驚かされるのは、本の冒頭に示される凡例で、なんと**「（略）と記した箇所以外にも読みやすさや紙幅の関係から省略した部分がある」とあらかじめ居直っている**ことだ【⬇資料27】。こんな凡例は見たことがない。「紙幅の関係」であれば普通に（略）と明記すればよいだけではないか。

実際には、省略は「紙幅の関係」のみで行われているわけではない。中には、原文では噂として紹介されている話を省略によって事実と誤読させたり、朝鮮人への迫害の場面を省いたり、ひどいものになると

【凡例】

一、引用文についてはできるだけ参考文献の表記に従ったが、難解と思われる漢字には新仮名づかいによるルビ（振り仮名）を付し、適宜句読点を付けて整理した。

一、文語体の引用文は、読みやすさを考慮して部分的に簡略化したり、仮名づかいや行送りを改めた箇所がある。また文中、明らかな誤記、誤植と思われる語句については訂正した。

一、雑誌、新聞、史料等の引用に際しては、（略）と記した箇所以外にも読みやすさや紙幅の関係から省略した部分がある。

一、「鮮人」という表現は、かつて日本占領下の朝鮮の人々に対して使われた蔑称で、今日では使用しない。しかし本書ではこうした差別表現が使用されていた時代背景も含めて「大正」という時代を明らかにする意図から、当時使用されていた引用文については修正せず、そのまま採録した。

資料27 『なかった』の冒頭に示されている「凡例」。
産経新聞出版とWACの、出版社としての見識が問われる。

原文の論旨を完全にねじまげてしまっているものもある。決して長くない引用なのに、（略）と併せて「こっそり省略」を駆使して、合計8ヵ所も省略して内容をブツ切りにしているものもある【➡146頁】。論争的な歴史ノンフィクションで引用の原文を（略）と明示せずに省略するなど、ありえないことだ。

ただし、これについては工藤夫妻だけの問題ではない。こうした凡例を掲げて恥じない産経新聞出版とWACというふたつの発行元の責任でもある。

【第六のトリック】原典が書いてもいないことを〝参照〟

「第六のトリック」は、**権威のある文献を参照元として示しつつ、しかしその実、原典に全く書いていないことを書き連ねる**というものだ。さすがにこれは1ヵ所だけだが、しかしそれが、『なかった』の主張にとって非常に重要な部分なのである。

本章の冒頭で紹介したように、工藤夫妻は「震災に乗じて朝鮮の民族独立運動家たちが」「不穏な行動」、つまり暴動や放火、井戸への投毒などを実行したと主張している。ではどのような朝鮮人組織が、どのような計画に基づいて行動したのか。ようやくその具体的な説明が示されるのは、最後に置かれた第7章でのことである。

工藤夫妻によれば、上海に拠点を置いて朝鮮独立を目指す大韓民国臨時政府（日本当局の言い方では「上海仮政府」）と通じたいくつかのテロ集団が、11月に予定されていた摂政宮（皇太子、後の昭和天皇）の結婚式当日を狙ってテロ計画を立てていたが、震災が起きたために計画を変更してこれに乗じて暴動や放火を行ったのだという。ところがそうした計画があったという主張の根拠は、たった1ヵ所でしか示されない。それが、『なかった』336頁の以下の記述である【➡資料28】。

ところで、こうした上海仮政府と地下水脈で通じていたテロ集団にも、路線をめぐる党派争いがあった。

その結果、集団はいくつかの分派に分裂しながら、個々にテロ計画を練って日本内地襲撃を狙っていたものと考えられる。だが、いずれの分派も目標日の第一は摂政宮の御成婚当日、それも摂政宮そのものを目標としていた。ところが分派それぞれの事情から、資金や実行部隊の確保、逃走ルートの確認等の準備がばらばらで統一を欠いていた（『朝鮮民族独立運動秘史』）。

資料28
『なかった』
336頁

一読して分かるように、「日本内地襲撃」に向かう朝鮮人テロ集団の動向について、『朝鮮民族独立運動秘史』（以下、『秘史』）という本を参照元として具体的に説明している。

この『秘史』は朝鮮総督府で警務官僚を務めた坪江汕二（つぼえせんじ）氏が戦後に書いたもので、総督府が蓄積した資料に基づいて朝鮮独立運動の歴史をまとめたものだ。日本の治安官僚の視点から書かれているとはいえ、重要な記録であることは間違いない。工藤氏によれば、その中に、朝鮮人テロ集団の東京テロ計画の顛末について詳細に書いてあることになる。

だが本当にそんなことが『秘史』に書いてあるのだろうか。事実ならそれ自体が驚くべきことである。

私は国会図書館で『秘史』を読み込んでみた。

結論から言えば、**『秘史』にはそのような記述は皆無**であった。関東大震災に言及しているのは1カ所だけで、その内容は「関東大震災の報道は、とくにかれら（注・中国の朝鮮人抗日組織各派）に誇大に伝えられ、これを契機として日本の国力の後退を夢想し、運動戦線の統一と強化をはかろうとする気運がつよまっていった」という一文で全てである【⬇資料29】。**「逃走ルートの確認等の準備がばらばらで統一を欠いていた」**

二、関東大震災から樺甸県会議へ——全満統一会議へ

上海の国民代表会議（大一二、六）が決裂してから、同八月には浦汐の国民委員会事件の発生となり、満支各地の独立運動戦線には大きな衝動をあたえるところとなった。さらに同九月の関東大震災の報道は、とくにかれらに誇大に伝えられ、これを契機として日本国力の後退を夢想し、運動戦線の統一と強化をはかろうとする気運がつよまっていった。そして南満では同十一月、吉林の孫貞道方における予備会議ののち「樺甸県会議」がもたれ、

樺甸県—呂　準、李相竜（李石柱）、梁奎烈、朴敬鐘
吉　林—王三徳、呉仁華、柳振天、孫貞道
上　海—金東三、裴天沢、白南春、李震山、金昌煥、金履大

らが参加した。そして会議は、約十日間にわたって独立運動の統一と展開方針について討議した結果、

㈠　西間島の軍政署を廃止し、新たに軍政署を組織し、その下に自治会をおいて在満朝鮮人を統治する。

第二章　上海臨時政府をめぐる民族主義運動　　九九

資料29　坪江汕二『朝鮮民族独立運動秘史』99頁

もへったくれもない。

これが「第六のトリック」である。工藤夫妻は、彼らの主張の根拠として権威のある本を参照元として示しながら、実はそこに全く書かれていないことを書き連ねていたのである。先述の「こっそり」省略とともに、出版物として許されないことだ。そして、朝鮮人テロ組織の「不穏な計画」の具体的な内容をまことしやかに記述している工藤夫妻が示した、たった一つの根拠がこの『秘史』だったわけだから、彼らが書く朝鮮人テロ組織の具体的な計画や行動の描写には、史料的な根拠が一つもなかったことになる。

ちなみに、この文章の流れで朴烈（バクヨル）・金子文子事件の話も出てくる。

2019年2月に日本で公開されて話題になった韓国映画『金子文子と朴烈』によって、この二人と事件について知った人もいるだろう。アナキストのカップルであった二人は、関東大震災直後に行われた社会主義者などの予防検束の一環として囚われたが、獄中で、自分たちがかつて皇太子（後の昭和天皇）や大

臣たちの暗殺を考えて爆弾入手を画策していたと供述し、大逆罪で起訴される（死刑判決を受けるも無期懲役に減刑。文子は獄死）。だが実際には、彼らの「計画」は、そう思ったというだけの「現実性や具体性に欠けたものであった」（小松隆二・慶応大学教授、『現代史資料3 アナーキズム』みすず書房、1988年）というのが定説だ。当局は供述を誘導して膨らませることで大逆の陰謀として宣伝し、朝鮮人虐殺事件の衝撃をわい小化しようとしたのだと推測されている。

ところが工藤夫妻は、皇太子暗殺を考えていたと語る二人の供述を引用（**例によって別の日の供述を一つにまとめたりしている**が）した上で、「もはや説明は不要だろう。かくもはっきりと朝鮮人のテロリストたちが公然と皇太子暗殺計画を自白しているのだ」と大見えを切る。だが、二人のアナキストが震災のずっと前に漠然と皇太子暗殺を考えていたとして、それだけでは工藤夫妻の主張する震災直後の「朝鮮人暴動」の実在という話にはつながるまい。

ところが彼らは、この一文の後に「その他、幾多の分派に分かれたテロリストとその配下の分子が……秘密工作に奔走していた」と続けることで、朴烈らが大がかりな組織的計画の下で動いていたかのような話に仕立ててみせる。だが、すでに見たように**「幾多の分派に分かれたテロリスト」の東京テロ計画なるものの自体が、実際には『朝鮮民族独立運動秘史』には書かれていない工藤夫妻の空想の産物にすぎない。**

司法省報告は朴烈・金子文子事件について「同人等は震災直後に検束を受けたるを以て震災後に於ける犯罪には直接の関係なきこと明なりとす」としている。全くその通りで、震災直後の状況とこの事件をつなげて考えることは無理というものだろう。

【第七のトリック】独学者の労作を「かなり公の刊行物」と偽る

ここまで6つのトリックを示してきた。このほかにも、細かいトリックはいくつもある。

たとえば、『なかった』の334頁では、京都大学人文科学研究所のデータベースで検索したとして「朝鮮人」関連記事の見出しをいくつか掲げつつ、「見出し中心に拾っておけば」などと書き添えているが、そのデータベース「戦前日本在住朝鮮人関係新聞記事検索」に収録されているのは、**そもそも見出しだけ**なのである。「見出し中心に拾った」とはよくも言ったものだ。

あるいは、意図的なトリックなのか、単なる誤りや思い込みなのか判然としない記述も多い。

東京・音羽町を舞台にした文学者・生方敏郎のエッセイについて横浜での出来事として繰り返し言及するとか、**「50本の巻きタバコが入る箱くらいの大きさの爆弾」という意味の史料原文を「爆弾50個」と読む**とか、朝鮮人テロ組織のアジトがあった**中国の安東県(現在の丹東市)を韓国・慶尚北道の安東市と誤解**するとか、中国に存在する朝鮮人抗日組織が震災後の9月19日に朝鮮でのテロの準備を始めたという警察情報を、その3週間前の9月1日に彼らが東京でテロを「行った」証拠として掲げるなどである。

とにかく、おかしな論の運びやねじくれた記述が多い本なのだ。

最後に、「6つのトリック」では座りが悪いので、もうひとつ、加藤康男氏の名義で2014年に刊行された新版での加筆部分から、ごく小さなトリックを紹介して「第七のトリック」としようと思う。

『なかった』新版の289頁では、先に紹介した、殺された朝鮮人の数をめぐる「第三のトリック」を展開した後に、こんな記述が加筆されている。

もうひとつ貴重な記録が保存されているので参考までに紹介しておこう。/昭和十年、平凡社より発行された『国史大年表』(日置昌一(ひおきしょういち)著)第6巻(356頁)によれば、「殺害された朝鮮人」の数は筆者の試算した「約八百人前後」を大幅に下回る数字が記載されている。/「鮮人暴動等の流言、蜚語、盛んに行はれ、関東一帯に亘つて殺害されたる朝鮮人四百三十二名に達す」/『国史大年表』という、かなり公の刊行物に記載された数字だが、今日に至るまでこの記載に関する反対意見などの反応は耳にしたことがない。／記録の根拠になる史料は、おそらく終戦時に焼却された内務省資料だったものと思われる。そうだとすれば、内務省の調査による朝鮮人の死者は遥かに少なかったことがうかがわれる

この記述を初めて読んだときには、開いた口がふさがらなかった。工藤夫妻――ここでは加藤康男氏とするべきかもしれない――が「かなり公の刊行物」という奇妙な説明をしている『国史大年表』は、非常に有名な本だからである。手元に著者・日置昌一の息子である日置英剛氏を取材した毎日新聞の記事があるので、その一部を引用してこの本についての説明に代えよう。

『国史大年表』父子の執念／元灘高教諭・日置英剛さん、完成に半世紀　吉川英治文化賞

父の日置昌一さんは在野の歴史研究者だった。岐阜県郡上郡の庄屋に生まれ、14歳で上京する。政治家の玄関番などをしつつ、上野の図書館に17年間通い続け（休んだのは2日!）、万巻の書から知識を吸収した。その独学の集大成が『国史大年表』（全7巻）として1935年に平凡社から出版される。かつてない詳しさの『読む年表』はベストセラーになるが、各項目に出典を明記していないと学会からの評価は芳しくない。「父は小卒。学歴のないものがちやほやされて、とそれはひどかったそうです」

（毎日新聞2015年4月30日夕刊）

『国史大年表』の著者・日置昌一氏は1904年に生まれ、小学校を出た後、働きながら上野の帝国図書館（現在の国会図書館）に通って独学した。そこで閲覧した新聞や雑誌、書籍などから編纂（へんさん）したのが『国史

大年表』である。だが、記事の引用にもあるように、独学の産物であるとして学者たちの評価は低かった。それに発奮した息子の英剛氏が改訂を加えて2015年に世に問うたのが『新・国史大年表』であり、英剛さんはこれにより吉川英治文化賞を受賞した。

在野の研究者が図書館に通いつめて完成した、偉大な労作だ。だが、どうしてこれが、内務省の資料を活用した「かなり公の刊行物」に化けてしまうのか(だいたい**「かなり公」ってどういう意味**だ?)。朝鮮人虐殺に触れた一文を発見し、引用しているほどであるから、加藤康男氏が『国史大年表』がいかなる本かを知らないはずがない。彼はそれが「かなり公の刊行物」ではないことを知った上で、あえて『国史大年表』が政府に近い機関が発行したかのような書き方をして、何も知らない読者をだましているのである。

關東一帶に亙る
朝鮮人殺し眞相
被害者四百卅餘名
內地人の死傷者も頗る多い

九月一日大震災の當夜から數日間に亙つて帝都、その附近並に近縣各地に朝鮮人暴行の事實が誇張して傳へられた結果人心極度に動搖し到る處に朝鮮人に對する暴行殺傷の不祥事が頻發し中には朝鮮人と間違へられて殺傷された內地人も尠くない、この事件は今日迄報道の自由をれしなかつたが二十日その一部の掲載を許された、本社の精査する所では混亂中に殺害された朝鮮人は東京府三十七名、埼玉縣百六十六名、群馬縣十七名、千葉縣六十二名、神奈川縣百五十名、合計四百三十二名の多數に上り其眞相の大體は既に報道した通りである、尚朝鮮人と間違へられて殺された內地人は東京市內のみで十三名重傷者十一名を數へて居ると

資料30
東京朝日新聞
1923年10月21日

加藤康男氏が「内務省資料」に基づくものだろうと「推測」してみせる「関東一帯に亙つて殺害されたる朝鮮人四百三十二名に達す」という記述について言えば、これは1923年10月21日付の東京朝日に掲載された「関東一帯に亙る／朝鮮人殺し真相／被害者四百卅余名」という記事から取ったものと見て間違いない【⬇資料30】。432人という数の根拠は「(東京朝日) 本社の精査する所」とある。つまり独自調査によるということだ。**内務省は何の関係もない。**日置氏は上野の帝国図書館でこの記事を読んだのだ。

苦笑するしかない話である。だがこうした読者を小馬鹿にしたやり方が、『なかった』には少なくない。ネトウヨ的な読者は、「朝鮮人虐殺はなかった」として日本の負の歴史を否定してくれるこの本を喜ぶのかもしれないが、その実、著者によって馬鹿にされているのである。

この詩は〝ノンフィクション〟ではない？

ちなみに『なかった』新版には、私の名前と拙著『九月、東京の路上で』も登場する。加藤康男氏によれば拙著は「**いかにも韓国仕込みのプロパガンダ臭紛々とする左翼ヒステリー本**」だそうだが、そうした評価は読み手の自由なのでどうでもよい。噴飯ものなのは、拙著が帯で掲げた萩原朔太郎の詩についての言及である。「朝鮮人あまた殺されその血百里の間に連なれり／われ怒りて視る、何の惨虐ぞ」というこの短い詩は、群馬県出身の萩原朔太郎が、同県で起きた朝鮮人虐殺事件である「藤岡事件」について書いたものだとされる。藤岡事件とは、震災5日後の9月5日、自警団が藤岡警察署を襲撃し、保護されていた朝鮮人17人を虐殺した事件である。

この萩原朔太郎の詩を拙著が引用したことについて、加藤康男氏は「著者は朔太郎のこの一文を見つけてさぞ小躍りしたことだろうが、それは早とちりというものだ」「萩原朔太郎は『事件』そのものを見たわけでも調査したわけでもない」「徒歩で中山道を上る際に耳にした噂話を……発表したにすぎない」「ノンフィクションではないことをまず断っておきたい」と〝批判〟する（『なかった』50頁）。

まさかとは思うが、加藤康男氏は「われ怒りて視る」という詩的表現を「私は朝鮮人の血が地面を流れていくのを怒りながら目撃していました」という証言として読む人がいるとでも思っているのだろうか。だが私も含め、誰も萩原朔太郎が藤岡事件の目撃者だとか、萩原朔太郎の目撃証言こそが藤岡事件が実際にあった証拠だとか、そんな馬鹿げたことは言っていないのである。

藤岡事件は朝鮮人関連の報道が解禁された10月20日以降、当時の新聞でも大きく取り上げられているので、おそらくは萩原朔太郎もまた、新聞を読んで事件を知ったのだろう。「中山道の噂話」を持ち出すまでもない。**そもそも詩が「ノンフィクションではない」のは当たり前**だろう。ちょっと何言ってるのか分からない、のである。

トリックなしには成り立たない「虐殺否定」本

最後に、『なかった』に散りばめられた「七つのトリック」を確認しておこう。

第一のトリックは、混乱していた震災直後の「朝鮮人暴動」記事を無批判に「事実」として掲げて「朝鮮人暴動」実在の証拠として示すことである。そして、新聞を含むそれ以降の記録によって震災直後の「暴動」記事の内容が否定されていることについては一切言及しないことである。『なかった』の全編にわたって繰り返されているのが、この手法だ。

第二のトリックは、「朝鮮人暴動」が後に事実無根の流言として否定されていった理由を「政府の隠蔽」に求めながら、その唯一の証拠として、他人には検証不可能である工藤夫妻の亡父の証言なるものを掲げることである。しかも証言者の正体を「隠蔽」する。

第三のトリックは、朝鮮人被殺者の推計にあたって、初歩的な数字の詐術を用いてこれを極少化することである。

第四のトリックは、虐殺の実態を伝える手記から都合のいい部分だけを切り取って引用し、反対に「朝鮮人暴動」の証言に仕立てるものである。

第五のトリックは、史料の引用にあたって、(略)と示すことなくこっそりと切り刻み、虐殺否定論にとって都合の悪いところを隠すことである。それをしかも「凡例」で居直っている点で、このトリックには出版社も加担している。

第六のトリックは、朝鮮人のテロ計画の具体性を語る上での根拠として、重要な資料を参照元として示しつつ、しかし実際にはそこに書かれていないことを「参照」してみせることである。

第七のトリックは、一般読者が知らないであろう事柄について意図的に虚偽の説明をすることである。ここでは在野の人による労作を「かなり公の刊行物」と偽っていることを一例として指摘した。

以上が、『なかった』(工藤美代子『関東大震災「朝鮮人虐殺」の真実』とその新版としての加藤康男『関東大震災「朝鮮人虐殺」はなかった!』)の中で仕掛けられているトリックのおおよその全体像である。**細かいことを言えば、他にもおかしな点はいくらでも見受けられる**のだが、長くなるのでこのくらいにしておく。『なかった』の主張の根幹に大小のトリックが隠されていること、これらのトリックなしには工藤夫妻の言う「朝鮮人虐殺はなかった」という主張自体が全く成り立たないことは、理解していただけたと思う。

だが問題はそれで終わらない。というのは、この本が生んだ「朝鮮人虐殺否定論」という怪物が、その後、現実の世界を侵食し始めているからである。

黒龍会・内田良平の「虐殺否定論」を検証する

震災直後の流言記事を持ち出して「ここに朝鮮人暴動があったと書いてある」と主張する工藤夫妻流の虐殺否定論は、さすがにネット上でも、一時期ほどは見なくなった。その代わりに最近、持ち出されるようになってきているのは、たとえば6000人が虐殺されたという数字は根拠が薄弱だ（＝だから虐殺そのものが嘘）とか、暴動はなかったとしても少数の朝鮮人の犯罪者は実際に存在した（＝だから虐殺の原因は朝鮮人の側にある）などの新手の否定論だ。

さらに最近、レイシズム運動の活動家たちがよく持ち出すのが、当時の右翼活動家・内田良平が「朝鮮人暴動は実際にあった」と主張する文書を震災後に発表しているという事実だ。内田良平は多くの人が名前くらいは聞いたことがある有名な人物である。そのため、内田がそう言っているのであれば少しは信憑性があるのかと思ってしまう人もいるかもしれない。きちんと説明しておく必要があるだろう。

結論から先に言えば、内田良平が朝鮮人暴動は実在したと主張する文書は実際に存在するが、彼の主張に信憑性があるとは到底言い難い。

まずは内田良平について紹介しておこう。内田は1874年（明治7年）、福岡県生まれ。国家主義的な結社「玄洋社」のメンバーとして、日本の勢力拡大のために朝鮮やロシア、中国で活動し、1901年には大陸進出を目的とした「黒龍会」を結成した。「黒龍」の名は、「黒龍江を中心とする大陸経営を策せん」という意味で名付けられた。黒龍江（アムール川）とは、中国東北部（満州）とロシアの国境を流れる川だ。つまり彼は、朝鮮から満州一帯を日本の支配下に置くことを生涯の目標としていたと言える。大正デモクラシー期には国内の進歩的勢力に対しても暴力的な攻撃を展開した。1937年7月、日中開戦の直後に生涯を閉じている。

問題の文書は、「震災善後の経綸に就て　社会主義者不逞鮮人凶行の一班」（以下、「経綸」）というタイトルのものだ。朝鮮人虐殺に関わる史料を集めた姜徳相／琴秉洞編『現代史資料6』にその一部が収録されている。震災後の9月中旬に黒龍会の会員を各地に派遣して朝鮮人虐殺事件の調査を行い、おそらくは同月下旬に、冊子にまとめて政府を含む各方面に配布したものである。

内田はこの中で、「社会主義者及び不逞鮮人の徒が震災の機会に乗じて或は爆弾を投じ或は毒薬を飲料水に入れ、或は放火を敢てし、或は暴行を無辜の邦人に加へ、或は掠奪を縦にした事は掩ふ可からざる事実である」として、朝鮮人暴動は事実だと主張する。「天下万人の斉しく認むる所にして一点疑ひの余地を存せざるなり」とまで断言している。彼によれば、暴動は震災前に準備されていたもので、日本人社会主義者が計画を立て、朝鮮人がその実行役を担ったのだそうだ。特に、当時はどこの町でも見かけることができた朝鮮アメ売りたちは「東京及び近県各地方に在る者、殆ど挙げて之れに参加」したのであり、「婦人少女に至る迄飴売を為すの傍ら（東京）市内の模様を」探っていたのだという。

こうした認識の上に立って、内田は黒龍会会員が各地で得た情報を列挙していく。いくつか引用してみよう。

「横浜より避難したる婦人の話によれば、同地の久保山に於て一日の午後三時頃、一朝鮮人が年令三十四位の婦人を強姦したる上に、之を殺したるため群衆の殺す所と為りたると云ふ」

「浅草方面に於ける火災の原因は二つあり、其

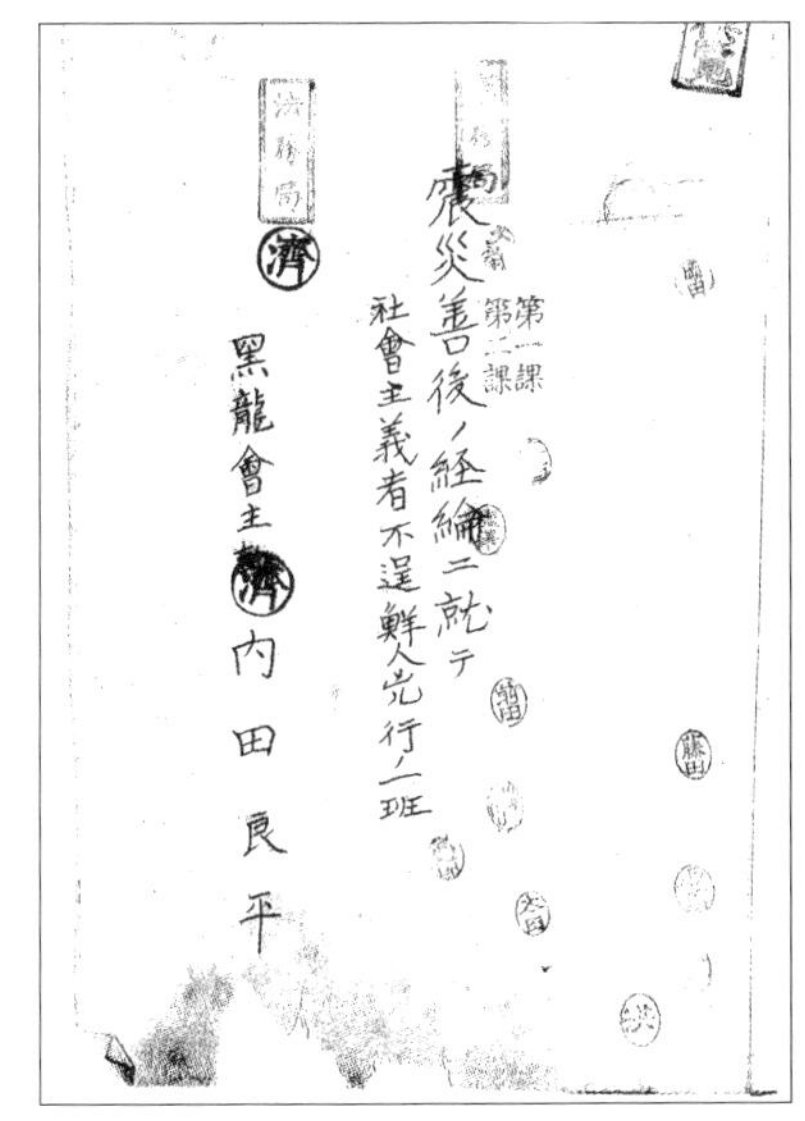
震災善後ノ経綸ニ就テ
第一課
第二課
社會主義者不逞鮮人兇行ノ一班
黒龍會主幹 内田良平

資料31

内田良平
「震災善後の経綸に就て　社会主義者不逞鮮人凶行の一班」

一は一日正午前地震の際（略）、其二は同日夕刻朝鮮人が爆弾を観音劇場に投下し発火して西南方に延焼したり（略）、但し此の投弾者は其の出て来る所を怪まれ群衆より殺されたるが、それは彼等前後の挙動及言語より察するに鮮人なること証明せられたり」

「公園中見世（注：浅草仲見世通りのこと）は爆弾にてやられたりとの噂専らにして、現に其爆音は各所に聞えたり…尚ほ当時伝法院の庭の中に石油缶を持ち布団を冠り居りたるもの捕へられ鮮人なること明白となり、直ちに群衆より殺されたり」

全編、こんな調子である。井戸への投毒とか、放火のための符号の落書きといった定番の話も出てくる。荒唐無稽な話も少なくない。自警団に殴られて瀕死状態の朝鮮人が「名古屋に爆弾六万発計り隠匿し在り」と言い残して死んだ、などというものもある。

ところが、こうした情報が誰の目撃証言や経験に基づくものなのか、どうしてそれ（朝鮮人の犯行や供述内容）を事実と断言できるのかについては全く説明がない。要するに地域の人々への聞き取りで耳にした流言を、吟味もせずに事実として紹介しているということだろう。「と云ふ」と結ぶものが多く、「実見せり」とあるものはごくわずかだ。

実際に起きた虐殺の様子を生々しく伝えている部分もあるが、虐殺した側の主観に同一化した流言混じりの内容である。この文書は、とてもではないが朝鮮人暴動が実行した「証拠」と見なせるものではない。この文書が「証拠」なら、「暴動」流言があったこと自体が朝鮮人暴動の「証拠」だという話になってしまう。

ではいったい、この文書は何なのか。内田はなぜ、このような文書を作成し、配布したのか。

内田は日露戦争前後から藩閥系の保守政治家たちとつながりをもち、意見書を作成して彼らに届けることで、そのときの政治の方針に影響を与えることを、行動パターンの一つとしてきた。たとえば1914年に彼が政府要人に送った「対支問題解決意見」は、翌年の対華二十一箇条要求の「原案」となったとも言われる。

関東大震災時に配布された「経綸」もまた、何らかの政治的目的をもった文書だろう。文面からうかがえる目標は、一つは自警団の暴力の免罪だ。内田は「軍隊が鮮人を銃殺した事実を掩蔽し、独り我が国民の行動のみを以て常軌を逸したるものと看做し、中外の耳目を欺瞞」しているとして、軍や警察の暴力を隠蔽する政府を批判している。黒龍会は自警団事件の被告たちを支援していた。軍や警察の関与を強調することで、自警団への追及を鈍らせようと考えたのではないか。

　もう一つは、虐殺事件によって日本の朝鮮支配が動揺することへの危惧である。内田は、この事件によって朝鮮人たちが「我が日本国民を敵視するに至るべきは必然にして朝鮮統治の政策上に取りても実に容易ならざる問題」であり、「寒心禁ずる能はざるものがある」としている。だからこそ、「一部朝鮮人」が働いた「悪虐の事実」を明らかにすることで、朝鮮の「識者」たちを日本への「同感」につなぎとめることができると考えたのだ。

　こうした目的から、内田はこの文書を通じて、政府に〝流言を集めて朝鮮人の暴動はあったと主張せよ〟と暗に促したのではないかと、私は推測している。その成果というわけではないだろうが、翌10月に司法省が〝朝鮮人の犯罪はあった〟とする発表を行ったのは前述のとおりである【➡56頁】。

　内田は、政治的目標達成のためには極端な言動を取ることを厭わなかった。また、朝鮮人を「虫けら同然」と、中国人を「性情の劣悪なる」と形容するなど、レイシズムの傾向をもっていた。彼にとって、自らが全力をかけて実現した日本の韓国支配が虐殺事件によって脅かされるのを防ぐことが、全てに優先したことは想像に難くない。震災後の9月16日、アナキストの大杉栄・伊藤野枝らが軍によって虐殺された事件についても、内田は「当然の処置」と断言した。右翼ではあっても大杉と親交のあった権藤成卿（ごんどうせいきょう）は、このとき以来、内田と袂を分かったのであった。

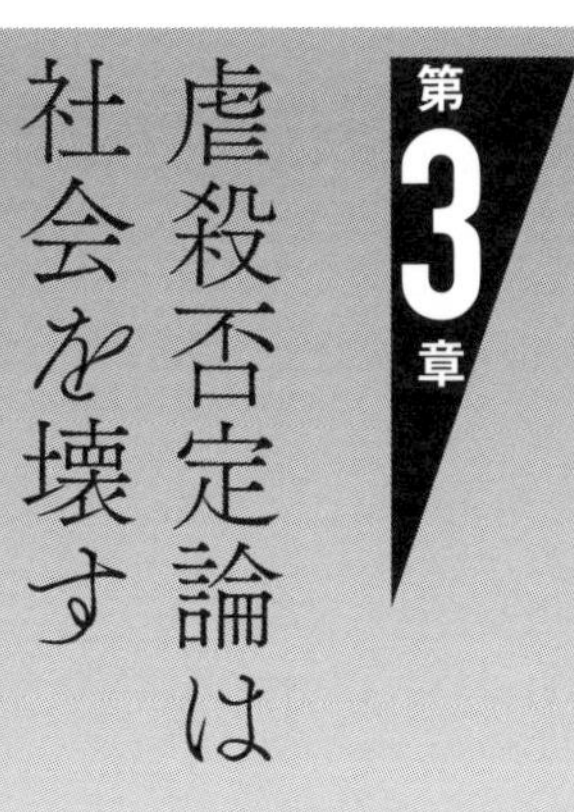

第3章 虐殺否定論は社会を壊す

『日本国紀』にも登場する虐殺否定論

『永遠のゼロ』などで知られ、安倍政権下でNHK経営委員を務めた経験もある作家・百田尚樹(ひゃくた)氏による日本通史『日本国紀』(幻冬舎)は、2018年11月に発売されるや次々と版を重ね、1ヵ月ほどで7刷55万部に達した。百田氏はツイッターで「読み終えた後には、誰もが、日本に誇りを感じ、日本人であることに無上の喜びを覚えると信じています」と胸を張っている(18年10月18日)。「無上の喜び」といった前のめりな表現に嫌な予感を覚えた私は、同書を入手してみた。関東大震災を取り上げた同書の349頁を見ると、危惧したとおり、こんな記述があった。

なお、この震災直後、流言飛語やデマが原因で日本人自警団が多数の朝鮮人を虐殺したといわれているが、この話には虚偽が含まれている。一部の朝鮮人が殺人・暴行・放火・略奪を行ったことは事実である(警察記録もあり、新聞記事になった事件も非常に多い。ただし記事の中にはデマもあった)。中には震災に乗じたテロリストグループによる犯行もあった

虐殺の引き金を引いた流言蜚語(ひご)は全てが事実無根だったわけではなく、一部は事実だった、というわけだ。根拠として挙げられている「警察記録」とは、おそらくは、本書ですでに何度か取り上げてきた司法省報告(『現代史資料6』収録)の中の「鮮人の犯罪」リストを指していると思われる。その内容が流言をかき集めたようなものであったこともすでに述べたとおりである【➡56頁】。実際には、関東大震災後に殺人、放火、強盗、強姦で起訴されたことが確認される朝鮮人は1人もいなかった。そして、朝鮮人暴動を伝える震災直後の新聞記事は「デマもあった」どころではなく、おおむねデマであった。「震災に乗じたテロリ

ストグループによる犯行」についても、先の司法省報告が「一定の計画の下に脈絡ある非行をなしたる事跡を認め難し」と否定しているように、そんなものは全く存在していなかった。

『日本国紀』の朝鮮人虐殺をめぐる記述は、さらに続く。

> 司法省の記録には、自警団に殺された朝鮮人犠牲者は２３３人とある（その他に中国人が３人、朝鮮人と間違えられて殺された日本人が59人）。一般に言われている朝鮮人の犠牲者約６０００人（東京都墨田区横網の横網町公園にある『関東大震災朝鮮人犠牲者追悼碑』にもそう彫られている）は正しくない。韓国政府は『数十万人の朝鮮人が虐殺された』と言っているが、これはひどい虚偽である

司法省報告の「２３３人」が、刑事事件として立件された殺害事件の犠牲者数に過ぎず、犠牲者総数と見なすことはできないことは、すでに述べたとおりである。「６０００人」という数字についても第１章でその意味を説明した。今の時点では「正しくない」とまでは言えないだろう【➡74頁】。

「韓国政府が数十万人の朝鮮人が虐殺されたと言っている」という話に至っては、どうも１９５９年に李（イ）承晩（スンマン）政権下の韓国外務省がまとめた内部文書の中にたった一度だけ、一言だけ出てくる記述を指しているようだ。だがそれを韓国政府の公式見解のように受け止めることはできないだろう。ソウルに住む研究者の友人にも調べてもらったが、朝鮮人虐殺の犠牲者数についての韓国政府の見解らしきものは、ついに見当たらなかった。韓国のポピュラーな百科事典である「斗山（トゥサン）世界大百科事典」のウェブ版で「関東大虐殺」（韓国ではこう呼ばれている）の項を読むと「虐殺された韓国人の数は明らかではないが、吉野作造は著書『圧迫と虐殺』で２５３４人と、金承学（キムスンハク）は『韓国独立運動史』で６０６６人と集計している」と、日本の歴史の本でも見かけるような、ごく常識的な記述が行われている。

震災直後に朝鮮人の凶悪犯罪やテロが実際にあったという、事実に反した説明が数十万の読者に届けられてしまったことに、暗然たる思いがする。2018年末には、安倍晋三首相がツイッターで「年末年始はゴルフ、映画鑑賞、読書とゆっくり栄養補給したいと思います。購入したのはこの3冊」と、同書を写真付きで推薦してみせた(12月29日)。

第2章で述べたとおり、「朝鮮人のテロは実際にあった」と主張する「虐殺否定論」を発明したのは、工藤美代子・加藤康男夫妻である。その起点は、小学館発行の週刊誌「SAPIO」で工藤美代子氏の名義で執筆された「関東大震災『朝鮮人虐殺』の真実」という連載だ(08年5月〜09年7月)。この連載は09年12月、同じタイトルで書籍化された。

発行元となったのは産経新聞出版。震災直後の誤報・虚報を検証手続きもなく「事実」として読者に提示する内容の本を、なんと新聞社系の出版社が刊行したわけである。かつて産経新聞の論説委員から転じて東海大学でメディア研究を行った山本文雄教授は、『日本マス・コミュニケーション史』(東海大学出版会・1970年)の中で、「(震災直後は)新聞も根拠のない風説を事実のように報道して恐怖に拍車をかけた」と指摘し、「朝鮮人」流言記事についての論文も書いているのだが、こうした先人の言葉を、産経新聞出版はどう受け止めているのだろうか。

さらに、同社の親会社である産経新聞はその紙上で『関東大震災「朝鮮人虐殺」の真実』を何度も紹介している。

たとえば「子供たちに伝えたい日本人の近現代史」というシリーズの一つとして、13年11月17日に掲載された記事だ。執筆者は同紙の論説委員も務めた皿木喜久(さらきよしひさ)記者。日本近代史をテーマにした編著書を何冊も出している人物だが、この記事では『流言蜚語』による『虐殺』だったのか」という小見出しをつけて工藤氏の主張を次のように紹介している。

「工藤氏によれば、震災直後何とか東京で発行できた新聞や地方紙に、朝鮮人による集団暴行の事実を示す記事や目撃談が数多く載せられている。だから自警団らはありもしない『流言蜚語』で動いていたわけではないという。その上で、大震災の混乱に乗じ、首都で大暴動を起こす動きがあったことを強く示唆している」

「彼らはこの年の11月27日に予定されていた摂政宮（皇太子、後の昭和天皇）のご成婚の日に決起しようとしていた。だがその前に大震災が起きたため、急遽その混乱に乗じようとした、との説は根強い」

言うまでもなく、「との説は根強い」どころか、歴史学の世界にそんな「説」は皆無だ。これでは90年前の誤報を現代の新聞紙上に甦らせたに等しい。とんでもない過ちである。皿木氏は本気でこんな話を「子供たちに伝えたい」と考えているのだろうか。

だがその後、工藤美代子『関東大震災「朝鮮人虐殺」の真実』（そして14年の加藤康男『関東大震災「朝鮮人虐殺」はなかった！』）が生み出した「虐殺否定論」は、急速に日本社会に広がっていったのである。

拡散する虐殺否定論

まずはインターネットである。いわゆるネット右翼が、工藤夫妻にならって、震災直後の「朝鮮人暴動」記事の画像を貼り付けては「これが真実だ！　朝鮮人虐殺など韓国の捏造」などと主張するようになった。その中には著名人もいる。たとえばテレビＣＭでおなじみの高須クリニックの院長・高須克弥氏は、15年1月のツイートで「ＮＨＫが先ほどの番組で『関東大震災時に朝鮮人が虐殺された』とか放送した様だが、事実はこれです。日本人がぶっ殺されています」と書き、震災直後の「朝鮮人暴動」記事の画像を添えた資料32】。

ネット上だけではない。憲法改正を掲げる右翼団体「日本会議」は、16年9月に、改憲派の憲法学者として有名な百地章(ももちあきら)・日本大学名誉教授を著者としてパンフレット『緊急事態条項Q&A』を出している【⬇資料33】。その時期、「緊急事態条項」の新設が改憲運動の焦点となっていたことから、一般の人々の疑問に答えるものとして活用するべく出版されたもののようだ。

このパンフレットの中に、関東大震災時に戒厳令の発令が人々の恐怖心を煽ったせいで朝鮮人虐殺が起きたのではないかという趣旨のQ(問い)が出てくる。まっとうな疑問だと思うが、これに対するA(答え)が驚くべき内容なのである。『関東大震災「朝鮮人虐殺」の真実』を引用して「混乱の中で、朝鮮人の独立運動家や社会主義者たちが一斉に放火、殺人、襲撃、テロを行いました」と断言し、朝鮮人殺害は「家族や町内を守る」自警団による「正当防衛というべきもの」だったのであり、戒厳令はむしろ朝鮮人のテロから治安秩序を守るために貢献したと説明しているのである。そして、だからこそ緊急事態条項が必要だという論を展開してみせる。

これでは、災害時には外国人などのテロを警戒せよと言っているのに等しい。いくら右翼団体とはいえ、憲法学の教授を著者とする本でこのような主張が公然と行われたのは初めてではないか。

また、14年9月1日には、自民党の赤池誠章(あかいけまさあき)参院議員が自らのブログで、『関東大震災「朝鮮人虐殺」の真実』を紹介した。赤池氏はこのブログ記事の中で、朝鮮人虐殺事件について詳細に検証した内閣府中央防災会議の専門調査会による報告『1923関東大震災【第2編】』を取り上げ、その内容を「世界各国での災害救助のために、ボランティアなど支援を惜しまない私たち日本人が…根拠なき『流言蜚語』によって、多数の無辜(むこ)の朝鮮人を虐殺したとは、到底信じられ」ないという幼稚な感情論で切り捨てる一方で、工藤美代子氏の本を「労作、好著」として高く評価し、「『朝鮮人虐殺』という自虐、不名誉を放置するわけに

資料32

高須克弥
@katsuyatakasu
Follow
(；゜Д゜)"@oonaoto: 知らない方もいるので流しておきます。
NHKが先ほどの番組で「関東大震災時に朝鮮人を虐殺した」とか放送した様だが、事実はこれです。
日本人がぶっ殺されています。"
Minato Ward, Tokyo-to
不逞鮮人一千名と
横濱で戰鬪
鮮人の行つた兇暴
中には婦人凌辱もある
RETWEETS
1,327
FAVORITES
494
9:17 PM - 13 Jan 2015

https://twitter.com/katsuyatakasu/status/555232299986321408

高須クリニック院長の高須克弥氏のツイート。「事実はこれです」と震災直後のデマ記事を拡散した

緊急事態条項Q&A
いのちと暮らしを守るために
百地 章／著
akira momochi
明成社

資料33

緊急事態条項Q&A
—いのちと暮らしを守るために
百地章
明成社・2016

はいきません。関東大震災の教訓として、防災問題はもちろん、テロ対策の面からも学ぶ必要があります。政府は改めて事実調査をすべきだと思いました」としている。

関東大震災時に起きたのが流言蜚語による朝鮮人虐殺ではなく、震災に乗じた朝鮮人のテロであったという認識に立てば、当然、今後の災害でも必要なのは差別的流言やヘイトクライムへの対策ではなく、テロ対策だということになってしまう。しかも恐ろしいことに、赤池議員は自民党の文部科学部会の会長なのである。つまりこれは、教育行政に対して強大な力をもつ巨大与党の文教族トップの認識なのだ。

もうひとつ、「政府は改めて事実調査をすべきだと思いました」という最後の一文は、この記事の文脈では、朝鮮人虐殺について言及した中央防災会議の報告を見直せという意味を持っている。そして3年後には、実際にこの報告が内閣府HPから一時的に閲覧できなくなる事態が起きるのである。

横浜市副読本回収事件

工藤美代子、加藤康男両氏が生み出した虐殺否定論の広がりは、いくつかの「事件」に帰結した。ここでは、横浜市副教本の回収、内閣府HP削除騒動、小池百合子都知事の「追悼文送付」取りやめの3つの事例を見てみよう。

一つ目は、横浜市で中学生向け副読本『わかるヨコハマ』の「虐殺」記述が問題視され、徹底した回収の上で「改訂版」が出されるに至った2012年~13年にかけての事件である。

『わかるヨコハマ』は市立中学校で使用される副読本で、郷土の歴史と自然について教える内容だ。前年まで、この副読本での朝鮮人虐殺についての記述は「自警団の中に朝鮮人を殺害する行為に走る者がいた」という曖昧なものだったが、12年5月に配布された同年版の改訂で「朝鮮人が井戸に毒を入れる、暴動を起こす」という「デマを信じた軍隊や警察…自警団」が朝鮮人を「虐殺」したと明確に記述されるようになった。

ところが同年6月25日、産経新聞がこの記述を問題視する記事を1面に大きく掲載する【➡資料34】。これを受けるように翌7月19日には、横浜市議会の「こども青少年・教育委員会」で自民党の横山正人市議が「虐殺」記述を取り上げ、「虐殺」という表現は「ナチの大量虐殺とかポル・ポトの大量虐殺とか」で使

資料34

2012年6月25日・産経新聞 一面

産經新聞

6|25(月)

横浜市教委 書き換え

中学副読本、事務局独断

「軍や警察 朝鮮人虐殺」

横浜市教育委員会が市立中学の全生徒全員に配布している副読本「わかるヨコハマ」＝写真＝の今年度の改訂で、関東大震災直後の「朝鮮人虐殺」の記述が教育委員に報告せずに書き換えられていたことが分かった。歴史認識に関わる改訂にもかかわらず、一部の事務局職員の判断で行われた。今後も恣意的な"修正"が相次ぎかねず、文部科学省の検定を経ない副読本の課題が浮かび上がった。（寺田理恵、黒田悠希）

「朝鮮人虐殺」に関する「わかるヨコハマ」の記述

旧版（平成21～23年度）

改訂版（24年度）

著書「関東大震災『朝鮮人虐殺』の真実」で再検証したノンフィクション作家、工藤美代子氏は「被害者の数が何千、何万と独り歩きする『南京大虐殺』と同じ構図が『朝鮮人虐殺』にもあり、教材で扱うには慎重さが求められる。不幸な事件だが、当時は朝鮮独立運動のテロがあった。今回の改訂版の記述は一方的な見方だ」と指摘する。

産経新聞は一面トップで横浜市副読本の表記を批判。記事中で、工藤氏が虐殺事件を「再検証したノンフィクション作家」としてコメントしている

うものであって、「関東大震災後の世間で使われる表現ではない」、軍や警察の虐殺関与を認めることは「我が国の歴史認識や外交問題に極めて大きな影響を及ぼしかねない」と主張し、教育長に対して「すぐに回収して新たなものを生徒に配付するべき」だと求めた。

軍が朝鮮人を殺害したことは当時の戒厳司令部詳報にも記録されていることであり、警察が流言を拡散したことはこの事件の基本に属する認識である。加えて言えば、「虐殺」という言葉も「関東大震災後の世間」でしばしば使われていた表現であった。たとえば作家の田中貢太郎は震災から4ヵ月後に刊行された著書『日本大震災史』の中で「まことに恥づべきところの不祥なる出来事、戦慄すべき惨虐事（略）即ち鮮人暴動の流言に血迷つた自警団の鮮人及び鮮人と誤つた内地人に対する虐殺事件」と書いている。2009年にまとめられた中央防災会議専門調査会『1923関東大震災【第2編】』【➡付録②】では、「武器を持った多数者が非武装の少数者に暴行を加えたあげくに殺害するという虐殺という表現が妥当する例が多かった」と書かれている。

だが横浜市の山田巧教育長は、驚くべきことに、横山市議の質問を受けたその場で改訂と回収を明言する。13年版では「虐殺」を「殺害」に戻し、さらに軍や警察の虐殺関与の記述を削除した。しかも問題となった12年版は1冊残らず回収された上、全て「溶解処分」されてしまったのである。

そして、この事件でも、工藤美代子氏の名前が登場する。先述の産経新聞記事の中で、虐殺事件を再検証したノンフィクション作家としてコメントしているのだ。工藤氏はそこで「(虐殺を)教材で扱うには慎重さが求められる。不幸な事件だが、当時は朝鮮独立運動のテロがあった。今回の改訂版は一方的な見方だ」と語っている【➡資料34】。虐殺否定論が教育現場への攻撃をあおる役割を果たしたのである。

この問題はその後も続く。『わかるヨコハマ』に代わって『Yokohama Express』という新しい副読本を発行することになったのだが、16年6月、副読本問題を追及してきた市民団体「歴史を学ぶ市民の会・神奈川」（北宏一朗代表）が情報開示請求でその原稿を入手したところ、関東大震災のくだりで、「虐殺」という表現はおろか多くの朝鮮人が殺された事実そのものが記述されていないことが判明した。これを受けて、同会に加え、研究者約70人も連名で虐殺についての記述を復活させるよう求める要望書を市教委に提出した。こうした事態が報道されると、横浜市教育委員会には全国から抗議が寄せられ、市教委は「横浜で起きた痛ましい出来事を学ぶことで歴史の理解を深め、防災教育の面からも多面的・多角的に考えることのできる記載になるよう検討している」（担当課長、同年10月7日付神奈川新聞）として方向転換、結局、「この混乱の中で、根拠のない噂が流れ、朝鮮人や中国人が殺害される、いたましいできごとも起こりました」という一文が加えられることとなった。

だが翌17年3月7日には、今度は無所属の小幡正雄市議が市議会でこの記述を問題視する質問を行っている。小幡市議は、朝鮮人の殺害は「ソ連のコミンテルンの指令に従って天皇制を打破しようとした共産主義者や不満を持つ朝鮮人が暴動を起こした中での一連の出来事」であって、「朝鮮人や中国人が殺害されるなどの一方的な歴史観を持った記述は変更すべきである」と主張した。これはもはや、工藤夫妻流の虐殺否定論そのままだ。

ちなみに、東京都教育委員会が発行する都立高校向け副読本『江戸から東京へ』でも、13年版で朝鮮人虐殺の記述が削除されている。

内閣府HP災害報告「削除」事件

二つ目に紹介するのは、17年4月、朝鮮人虐殺を検証した内閣府中央防災会議の報告が内閣府ホームページ（HP）で一時的に閲覧できなくなった事件である。

前述のとおり、内閣府中央防災会議の災害教訓の継承に関する専門調査会では、防災上の教訓を引き出すために過去の災害についてそれぞれの報告書をまとめている。そのうち『1923関東大震災【第2編】』は震災時の政治的、社会的対応について検証したもので、朝鮮人虐殺についても大きく扱っている。これまでの研究を踏まえて軍や警察の関与についても指摘。「軍隊や警察、新聞も一時は流言の伝達に寄与し、混乱を増幅した」とした上で「過去の反省と民族差別の解消の努力が必要」であり、流言の発生が「現在も生じ得る事態であることを認識する必要がある」とまとめている。

この報告書は内閣府HPで公開されており、誰でもアクセスできるようになっている。そのため、ネット上で虐殺事件の正確な理解を広め、今日に教訓を生かしていく上で、非常に大きな役割を果たしてきた。

ところが17年4月19日、朝日新聞朝刊に「『朝鮮人虐殺』に苦情、削除／災害教訓の報告書／内閣府HP」という記事が掲載される。内閣府のHPから全ての災害報告書が閲覧できなくなっているというのだ。記事によれば、取材に対して内閣府の担当者は、『1923関東大震災【第2編】』の中の朝鮮人虐殺に関する記述に対して「なぜこんな内容が載っているんだ」という苦情が多かったためだと明かしたという。ちなみにこの報告書は市販されているわけではないので、ネットで見られないということは国会図書館に行かなければ読めなくなることを意味する。

このことはすぐに大きな問題となり、有田芳生参院議員が国会で追及するに至った。内閣府にも多くの抗議の声が届いたようだ。内閣府は朝日の報道を否定し、単なるHPリニューアルに伴うリンク切れだったと説明。なぜか翌日には全ての報告書が再び閲覧できるようになった。

実はその1週間ほど前から、『1923関東大震災【第2編】』が閲覧できなくなっていることが、ツイッターなどで話題となっていた。そこで同月18日(つまり、朝日の記事が出る前日)、本書の発行元である出版社「ころから」代表の木瀬貴吉氏が内閣府に電話をかけ、理由を問いただしたところ、担当者T氏からは「リニューアルに際して、報告書をすべて削除する」という答えが返ってきた。では今後、閲覧を希望する人はどうすればいいのかと聞くと、「メールアドレスを教えてもらえばPDFファイルをメール送信する」と言われたそうである。担当者は、それ以外は全て「検討中」と答えたという。

朝日の報道の目玉は、報告の削除が朝鮮人虐殺の記述への苦情に応えたものだと担当者が明かした点にある。報道後、内閣府はこれを否定したが、朝日側はその後も、「複数の担当者から取材した」と重ねて強調する続報を出している。同月29日には東京新聞もこの疑惑を取り上げ、その中で、木瀬氏の証言を取り上げた。一方の内閣府は、朝日の報道を否定しつつも、ついに「誤報だ」と抗議することさえしなかった。

こうした経緯を見れば、内閣府の否定にもかかわらず朝日報道の信憑性は高い。そもそもこの数年、森友、加計、統計不正といった事件を見てきた私たちは、官僚が否定したから事実ではない、などというナイーブな受け止めはできないはずだ。

「なぜこんな内容が載っているんだ」という苦情を内閣府に寄せたのが虐殺否定論の信奉者か、少なくとも虐殺を隠蔽したい心情・信条の持ち主であるのは間違いない。問題はそれが誰か、ということである。無名のネット右翼からの苦情を受けただけで内閣府が動揺するとは考えにくい。とすれば、政権に近い政治家などからの働きかけに内閣府側が「忖度」したのではないかと勘ぐりたくなる。内閣府は各省庁からの出向者が多い。中央防災会議のような科学部門であれば文部科学省からの出向者が多いであろうから、文部行政に強い影響力をもつ政治家が何らかの働きかけを行ったのかもしれない。

すでに見たように、自民党文部科学部会の部会長を務める赤池誠章議員が14年の段階で「1923関東大震災【第2編】」に批判的に言及し、工藤夫妻流の虐殺否定論を肯定する立場から「政府は改めて事実調査をすべきだ」と主張しているほどであるから、そうした政治家がいても不思議ではない。ちなみに赤池氏は18年3月、前川喜平前文部科学事務次官が名古屋市の市立中学校で行った講演に対して文部科学省が不当な介入を行った際、文科省に「問い合わせ」した自民党議員2人のうちの1人でもある。

小池都知事の追悼文送付取りやめ事件

三つ目に取り上げるのは、17年9月1日、小池百合子都知事が朝鮮人虐殺犠牲者追悼式典への追悼文送付を取りやめた事件である。

追悼式典は1973年から毎年9月1日、東京都立横網（よこあみ）町公園にある「関東大震災朝鮮人犠牲者追悼碑」の前で行われてきた。主催は日朝協会を中心とした式典実行委員会だが、あの石原慎太郎氏を含む歴代の都知事が追悼文を寄せてきた（追悼碑についてはコラム参照）。ところが小池都知事はこの追悼文の送付を取りやめたのである。翌年も送付を行わなかった。

報道によれば、小池都知事は「東京都慰霊堂で開かれる大法要で全ての震災犠牲者哀悼の意を表しているので個別の対応はしないことにした」という趣旨の説明をし、メディアの側も、それをそのまま受け取っているようだ。だがこの事件の背後にも、実は虐殺否定論の影が見える。

都知事の取りやめ決定のきっかけとなったのは、古賀俊昭都議（自民党）が17年3月2日、都議会の一般質問で「追悼の辞の発信を再考すべきだ」と迫ったことだった。このとき彼が、朝鮮人追悼碑に犠牲者の数として「6000人」という数字が刻まれていることを「一方的な政治的主張」だと問題視したことは、新聞各紙でも報じられている。

約6000人という数字は、震災後に朝鮮人留学生たちが監視の目をかいくぐって現地調査した結果を、上海の独立運動機関紙がまとめ、発表した数字に基づく。近年、研究の進展によって必ずしも実態を正確に捉えた数字ではないとされるようになり、最近は「数千人」という幅のある記述がなされることが多いことはすでに述べた【➡74頁】。ただし、追悼碑が建立された1973年時点では、政治的立場を問わず

「6000人」と記述するのが普通だったので、これが「政治的主張」だという古賀氏の主張は当たらない。

ところが記事中の引用ではなく、議事録の原文を読むと、古賀都議が問題視している碑文の「政治的文言」とは、「6000人」という数字だけを指しているわけではないことが分かる。彼は質問の冒頭、こう語っているのである。

私は、小池知事にぜひ目を通してほしい本があります。ノンフィクション作家の工藤美代子さんの『関東大震災「朝鮮人虐殺」の真実』であります

またしても工藤美代子氏の登場である。古賀都議は同書の内容を紹介しつつ、「朝鮮人活動家」が「震災に乗じて凶悪犯罪」を行ったなか、「日本人自警団が過敏に」なって「無関係の朝鮮人まで巻き添えになって殺害された」のだという認識を開陳してみせる。そうした認識から、「流言飛語などの表記、主張」を刻んだ碑文は「日本人へのヘイトスピーチ」だと主張する。要するに、「6000人」という人数が不確かだ、という話ではないのである。工藤美代子氏の本に依拠して、流言を信じた人々によって何の罪も無い朝鮮人が殺されたという歴史認識自体を否定しているのである。

さらに、こうした認識に立って古賀都議は、追悼碑についても「撤去を含む改善策を講ずるべきだ」と主張する。実はこの古賀質問の主眼はこの点にあるのだが、そのことは当時、新聞各紙では全く報じられなかった。

そもそも古賀都議が追悼文の取りやめや追悼碑の撤去を求める質問を行った背景には、在特会などに近い右翼女性団体「そよ風」の古賀都議への働きかけがあった。彼女らは、たとえば群馬県の「群馬の森」にある朝鮮人強制連行犠牲者の追悼碑の撤去を求める動きの口火を切るなど、日本の負の歴史に関わるモニュメントをつぶすことに熱心な団体である。彼女らが横網町公園の「関東大震災朝鮮人犠牲者追悼碑」を撤去せよと主張し始めたのは２０１６年春以降だが、同年６月には古賀都議を訪ねて面会し、両者は追悼碑問題で「共に歩いていくことを確認」している（「そよ風」ブログ６月19日）。同年８月には「そよ風」の集会に古賀都議が登場し、虐殺を否定する演説を行っている。

つまり、小池都知事の追悼文送付取りやめの背景には、「朝鮮人が放火やテロをやったのは事実」と主張する虐殺否定論に立つ右翼団体と都議の要請があった。そして右翼団体と古賀都議が最終的に目指していたのは、朝鮮人犠牲者追悼碑そのものの撤去であり、彼らにとって、追悼式典への都知事の追悼文送付取り止めは、そこに向かう第一歩だったのである。その狙いは、追悼式典を社会的に孤立させ、ゆくゆくは開催できないところに追い込むことで、追悼碑撤去が可能となる政治的雰囲気をつくることにあったと思われる（加えて指摘しておけば、小池都知事自身も、自民党の衆議院議員であった10年12月に、「そよ風」に招かれて講演を行っている）【⬇資料35】。

深刻なのは、小池都知事本人の認識も相当に怪しいということだ。追悼文を送らないことが明らかになった17年８月25日の定例記者会見で、知事は朝鮮人虐殺の史実への認識を問う記者の質問を全てはぐらかし、「虐殺」「殺害」といった言葉さえ一切使わなかったのである。中でも、次の回答には嫌な感じがする。

さまざまな歴史的な認識があろうかと思っておりますが、この関東大震災という非常に大きな災害、そしてそれに続くさまざまな事情によって亡くなられた方々に対しての慰霊をする気持ちは、これは変わらないものでございます

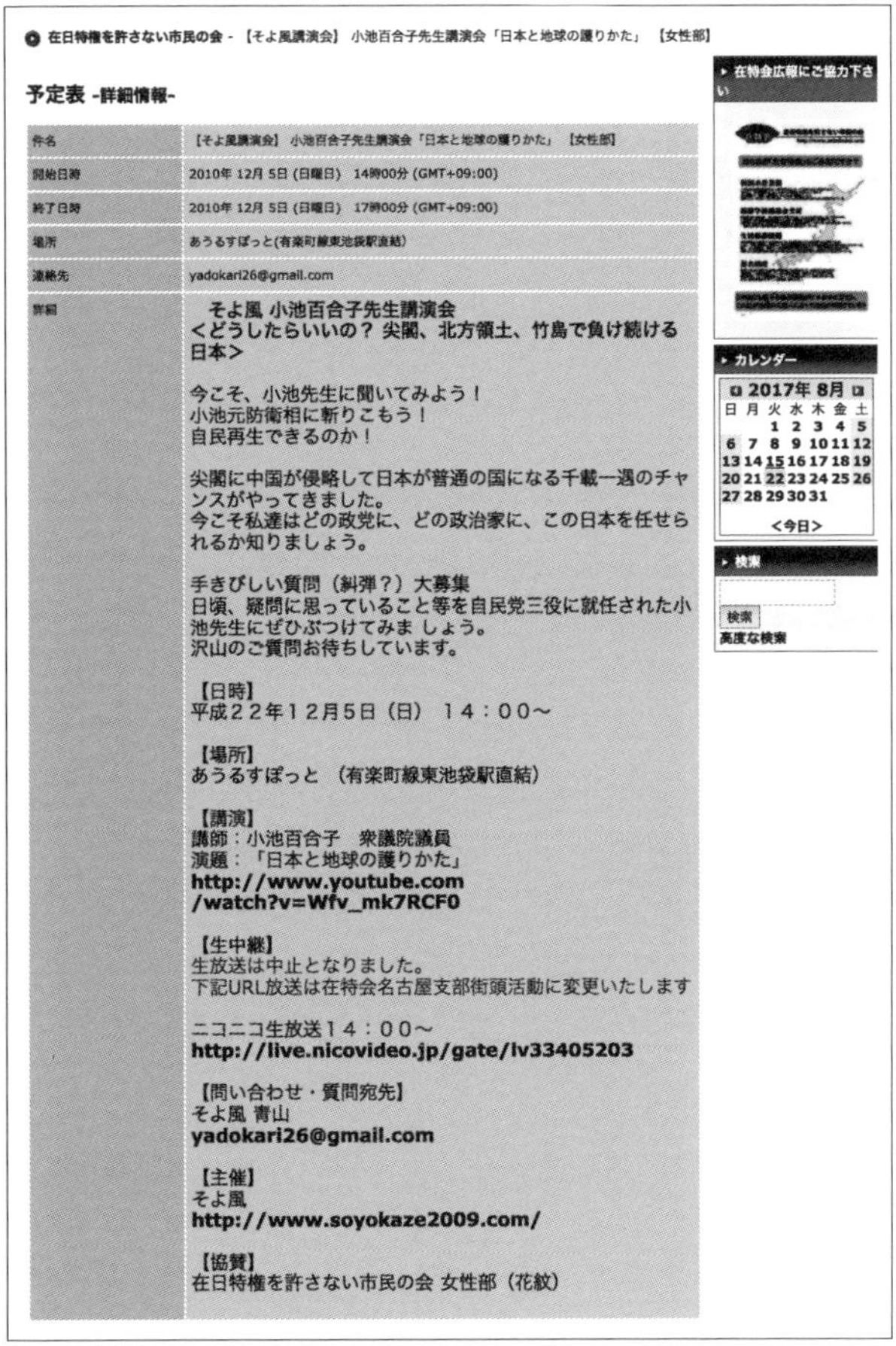

注意深く読めば、ここには、「関東大震災という非常に大きな災害」で亡くなった人の他に、その災害を生き延びながら「それに続くさまざまな事情」によって命を落とした人々がいたという認識が表明されていることが分かる。普通に考えてそれは、虐殺された人々しか思い当たらないのだが、それをあえて「さまざまな事情」という不可解な言い方でごまかしているのだ。これはどういう意味だろうか。

　疑念は、同年9月26日の都議会における共産党都議の質問に対する小池都知事の答弁によってますます深まる。

在日特権を許さない市民の会 - 【そよ風講演会】 小池百合子先生講演会「日本と地球の護りかた」 【女性部】

予定表 -詳細情報-

件名	【そよ風講演会】 小池百合子先生講演会「日本と地球の護りかた」 【女性部】
開始日時	2010年 12月 5日 (日曜日) 14時00分 (GMT+09:00)
終了日時	2010年 12月 5日 (日曜日) 17時00分 (GMT+09:00)
場所	あうるすぽっと(有楽町線東池袋駅直結)
連絡先	yadokari26@gmail.com
詳細	そよ風 小池百合子先生講演会 <どうしたらいいの？ 尖閣、北方領土、竹島で負け続ける日本> 今こそ、小池先生に聞いてみよう！ 小池元防衛相に斬りこもう！ 自民再生できるのか！ 尖閣に中国が侵略して日本が普通の国になる千載一遇のチャンスがやってきました。 今こそ私達はどの政党に、どの政治家に、この日本を任せられるか知りましょう。 手きびしい質問（糾弾？）大募集 日頃、疑問に思っていること等を自民党三役に就任された小池先生にぜひぶつけてみま しょう。 沢山のご質問お待ちしています。 【日時】 平成２２年１２月５日（日） １４：００～ 【場所】 あうるすぽっと （有楽町線東池袋駅直結） 【講演】 講師：小池百合子　衆議院議員 演題：「日本と地球の護りかた」 http://www.youtube.com /watch?v=Wfv_mk7RCF0 【生中継】 生放送は中止となりました。 下記URL放送は在特会名古屋支部街頭活動に変更いたします ニコニコ生放送１４：００～ http://live.nicovideo.jp/gate/lv33405203 【問い合わせ・質問宛先】 そよ風 青山 yadokari26@gmail.com 【主催】 そよ風 http://www.soyokaze2009.com/ 【協賛】 在日特権を許さない市民の会 女性部（花紋）

在特会広報にご協力下さい

カレンダー

2017年8月

日	月	火	水	木	金	土
		1	2	3	4	5
6	7	8	9	10	11	12
13	14	15	16	17	18	19
20	21	22	23	24	25	26
27	28	29	30	31		

<今日>

検索

検索

高度な検索

資料35

2010年　在特会HPより

2010年12月5日（日）
あうるすぽっと（有楽町線東池袋駅）
講師：小池百合子　衆議院議員
演題：「日本と地球の護りかた」
主催　よそ風
協賛　在日特権を許さない市民の会 女性部（花紋）

虐殺への認識についてのお尋ねでございました。この件は、さまざまな内容が史実として書かれているると承知をいたしております。だからこそ、何が明白な事実かについては、歴史家がひもとくものだと申し上げております

日本史事典にも中学の歴史教科書にも記述されている朝鮮人虐殺は、疑いようのない「明白な事実」である。なぜそれを、そのように語れないのか。日本の首都であり、いつ大地震に襲われてもおかしくない大都市の首長が、虐殺否定論を容認するかのような発言を行っているのである。

虐殺否定論の狙い

ここまで、朝鮮人虐殺否定論が、荒唐無稽な主張であるにもかかわらず一定の影響力を持ち、実際に状況を動かしてきたことを見てきた。私たちはこうした現実をどう考えるべきだろうか。

私は、虐殺否定論の「意図」と「機能」に注目するべきだと考える。第2章で見たように、そもそも虐殺否定論とは、工藤夫妻が全て承知の上で発明した「トリック」であった。そして、それをばら撒く人々も、心からそれを信じているのか、信じたふりをしているのか知らないが、いずれにしろひとつの意図をもって積極的に状況に働きかけている。

では彼らの意図とは何か。それは先ほど紹介した3つの事件を見れば自明である。横浜市の副読本問題では教育現場から虐殺の史実を排除しようとした。内閣府HP〝削除〟問題では研究成果への一般の人々のアクセスを切断しようとした。そして、小池都知事の追悼文取りやめには虐殺犠牲者追悼の場を社会的に孤立させ、最終的にはつぶしてしまおうという狙いが見て取れる。

教育の現場から史実を排除し、まっとうな研究成果を市民から遠ざけ、追悼の場を消し去る。その先に彼らが目指しているのは、虐殺の記憶の「隠蔽」であり、「忘却」だろう。虐殺否定論は、あくまでそのための手段なのだ。虐殺否定というトリックを発明した2人も、それに合わせて踊ってみせる人々も、虐殺否定論を本気で「正史」にできるとは思っていない。

虐殺否定論の意図を考える上で参考になるのが、ホロコースト否定論を批判的に研究する米国の歴史学者デボラ・E・リップシュタットの言説である。

リップシュタットは、17年12月に日本でも公開された『否定と肯定』という英国映画のモデルとなった人物だ。その著書『ホロコーストの真実』（滝川義人訳、恒友出版・1995年）の中で、彼女はこう指摘している。

否定者は、論点が真っ二つに割れていて、自分たちがその〝一方の立場〟にあると認知されたいのである

つまり、ホロコーストが実際にあったか否かについて2つの対立する学説がある、という構図にさえ持っていければ、否定論者の〝勝ち〟だということだ。そうなれば一般の人々は、歴史の素人である自分にはどちらが正しいか分からないので判断保留にしようとか、真実はたぶんその中間にあるんだろうとか考えるようになる。これが否定論の「機能」である。

これは朝鮮人虐殺否定論にも大いに当てはまる。虐殺があったという説となかったという説の2つがある、という構図が受容されてしまえば、日本の社会風土では、学説が分かれているテーマを教育に持ち込んだり、公的な場で追悼したりするべきではない、という話に帰結する。実際、先に触れた右翼団体「そよ風」は、18年1月21日のブログのタイトルにこう掲げている。

「諸説あってはいけないのですか?」【➡16頁】

私たちは虐殺否定論のこうした狙いとどう対決すべきなのか。これについてもリップシュタットはヒントを与えてくれている。彼女は、否定論者と「論争」してはいけないと強調する。それは、「諸説ある」という構図をつくってしまうからだ。では放っておくしかないのか。そうではない。

ホロコースト否定者の基本戦略は、歪曲である。全体の大ウソに少しの真実をまぜて、否定者の戦術を知らぬ人々を混乱させようとする。肝心な情報を勝手にカットしたつぎはぎ話、ミスリードするため事実の一部にしか触れないハーフトルース。いずれも、事情に疎い人々をだまそうとする彼らの常套手段である

ではどうするか。リップシュタットは否定論者の「物事を混同せしめ歪曲するやり方」「もっともらしい議論の吹きかけ方」「意図や手口」をこそ、「白日のもと」にさらすべきだと主張する。

これを私の言葉で言い換えると、否定論者の言説を一つの「説」であるかのように扱い、議論するのではなく、これは一体どのような「トリック」だろうかと客観的に吟味し、解明し、そのカラクリを人々の前で明らかにすることである。要は学説や意見ではなく、「手品」として扱えということだ。帽子から鳩が飛び出すさまを見て超能力かもと考えるのではなく、「どのような手品なのか」と考えるということであり、社会的には、否定論のトリックとしてのタネを広く共有し、これを「諸説」であるかのように扱うことを決して認めないことだ。恐らく朝鮮人虐殺否定論以外の歴史修正主義についても、同じことが言えるのでは

ないかと思う

そもそも私たちはなぜ、朝鮮人虐殺否定論を許してはならないのか。

第一に、「虐殺否定論」は、事実に反しているだけでなく、被害者を加害者に仕立て上げるという道義的な罪を犯しているからだ。朝鮮人であるというだけで多くの人が無差別に殺されたという事件の本質を考えれば、許されるべき言動ではない。ましてや虐殺の引き金を引いた流言を「事実」としてよみがえらせるのは、犯罪的と言ってよい。

第二に、「朝鮮人が災害に乗じて悪事を行った」という当時の民族差別的流言を「事実」として流通させてしまえば、「災害時には外国人の悪事に気を付けろ」という誤った〝教訓〟を育ててしまうからだ。

これについては、少し長めに説明しておきたい。

災害時のデマは生命を奪う

災害発生時には、外国人などのマイノリティーに対して犯罪者やテロリストのレッテルを貼る差別デマがしばしば現れる。

東日本大震災でのそうしたデマについては、荻上チキ『東日本大震災の流言・デマ』（光文社新書・2011年）に詳しい。14年の広島の土砂災害でも、15年の関東・東北豪雨でも、「外国人の空き巣」といったデマが流れた。16年の熊本地震のときも同様だ。古くは1995年の阪神淡路大震災のときも「外国人の放火」といったデマが流れた。

そして、こうしたデマが実際の暴力に帰結した例も、関東大震災時だけでなく古今東西にある。

近くは05年に、アメリカ南部ニューオリンズを襲った水害の際、黒人たちが略奪や強盗を働いているというデマによって被災者の救援が遅れ、さらには白人の自警団が道をゆく黒人に無差別に発砲するといった事態が起きた。人数は分からないが、死者も出ている。

また、米国のデジタルメディア「VICE」がユーチューブにアップしているドキュメント番組には、東日本大震災の際、中国人窃盗団が暗躍しているという流言を真に受け、鉄パイプなどで武装して石巻に入ったという右翼団体のリーダーの証言が出てくる（「Yakuza, Organized Crime, and the Japanese Right Wing」15年5月20日公開）。「中国人を見かけたら殺してしまおう」と考えていたそうだ。彼らは結局、中国人に出会わなかったが、それは偶然に過ぎない。なぜなら、当時の石巻には研修生を中心に400人以上の中国人が暮らしていたからだ。

今後も災害のたびに差別デマは現れるだろう。大事なのはそれを信じてデマを拡散するようなことのない社会をつくることであり、行政がそのために役割を果たすことだ。

そのための一歩前進と言える取り組みが、18年6月に発生した大阪北部地震の際、法務省人権擁護局のアカウントが行ったツイートだ。「災害発生時には…差別や偏見をあおる意図で虚偽の情報が投稿されている可能性」があるとして注意を呼びかけたのである。NHKや朝日、さらには産経新聞までがこれに合わせて差別的なデマへの警戒を呼びかけた。これまでになかったことだ。

『1923関東大震災【第2編】』では、朝鮮人虐殺の史実から導き出される教訓として、「過去の反省と民族差別の解消の努力」とともに、「流言の発生、そして自然災害とテロの混同が現在も生じ得る事態であることを認識する必要がある」ことを挙げている【↓付録②】。日本は自然災害の多い国である。災害時の差別デマに対する対応については、さらに議論を深めていく必要があるだろう。

ところが、関東大震災時に「朝鮮人暴動」が実際にあったと主張し、当時のデマを事実だったと主張する虐殺否定論が広がると、災害時にはマイノリティーの暴動や犯罪に気を付けろ、という真逆の〝教訓〟を社会に根付かせてしまうことになる。

先に紹介した赤池誠章議員や日本会議のパンフレットが、まさにそのように主張していたことを思い出してほしい。こうした発想を放置しておけば、災害時に差別的流言の拡散を許し、ありもしないテロへの「自衛反撃」を扇動するメッセージとなる。虐殺否定論や差別主義に凝り固まった政治家に引きずられて、行政が誤った判断を下すかもしれない。

虐殺否定論は、誰かの生命を実際に奪う可能性があるのだ。

虐殺否定論に抗する声のひろがり

最後に、虐殺否定論が広がる一方で、それに抗議する運動や世論もまた、大きく広がってきたことを強調しておきたい。

横浜市の副読本回収問題では、教育関係者らでつくる地元の市民団体「歴史を学ぶ市民の会・神奈川」が粘り強く教育委員会との交渉を続けてきた。彼らは新副読本から「殺害」という記述までもが消されそうになったとき、問題を広く訴えた。それを受けて地元の神奈川新聞が大きく取り上げ、SNSなどでも抗議の動きが全国に広がったことで、教育委員会を翻意させるに至ったのである。

内閣府HPから関東大震災報告が削除されそうになったときは、様々なルートを通じた抗議が内閣府に寄せられ、国会でも問題として取り上げられた。

17年の小池都知事の追悼文取りやめに際しては、問題がメディアに取り上げられた8月下旬から9月7日までに都に寄せられた関連意見515件のうち、送付中止に賛成が113件であったのに対して、送付を求める意見は383件と3倍以上であった（「その他」が19件）。横網町公園で行われる朝鮮人犠牲者追悼式典への関心は逆に高まった。それまで250人前後だった参加者数はこの年、約400人と2倍近くとなり、さらに翌18年には700人となった。作家や演劇人ら22人が名を連ねる抗議声明も発表された。東京都庁の前ではSNS上の呼びかけによって市民の抗議パフォーマンスも行われた。小池都知事に追悼文送付を求める「日朝協会」の署名は８６００筆を集めた。

小池都知事に追悼文送付を再び行わせることはできていないが、こうした雰囲気の中、18年の追悼式典には村山富市元首相や鳩山由紀夫元首相、立憲民主党の枝野幸男代表や共産党の小池晃書記局長、さらにはソウル特別市の朴元淳（パクウォンスン）市長らが追悼文を寄せるなど、追悼の場を守っていこうという世論の広がりは、はっきりと示されている。

ネット上でも、稚拙な虐殺否定論を叫ぶ書き込みは少なくなってきているように感じられる。多くの人たちが、虐殺否定論の誤りを明らかにする書き込みをブログやツイッターなどで繰り返し行ってきた結果だろう。

横網町公園の朝鮮人犠牲者追悼式典で読み上げられた朴元淳・ソウル市長のメッセージにはこんな一節があった。

> 歴史は、記憶する者にこそ与えられます。新しい未来に向かう歴史を綴っていくためには、私たちは全ての残酷な歴史を記憶しておかなければなりません

関東大震災時の朝鮮人虐殺という事件は、確かに「残酷な歴史」である。だが、それを隠蔽や忘却に委ねることなく記憶し、伝えていくことは、「新しい未来」をつくっていくために欠かせない作業である。だからこそ、記憶を歪めようとする企みを許してはならないのだ。

「関東大震災朝鮮人犠牲者追悼碑」の歴史的な〝重み〟

40代以上の方なら、東野英治郎（とうのえいじろう）の名前は覚えているだろう。テレビ時代劇「水戸黄門」で主人公を演じていた俳優だ。では、その東野英治郎と共に若き日に「俳優座」を結成し、日本の演劇に多大な足跡を残した俳優・演出家の千田是也（せんだこれや）はご存知だろうか。彼が伊藤国夫という本名に代えて「千田是也」という芸名を名乗るようになった背景には、関東大震災直後に経験した出来事があった。

震災当時、彼は19歳で、東京・千駄ヶ谷に住んでいた。震災翌日の2日夜、朝鮮人の集団が日本人を襲っているという流言を信じた彼は、朝鮮人との戦いに加わるべく、杖を手に街に飛び出すが、反対に朝鮮人に間違えられ、竹やりやこん棒で武装した男たちにこづきまわされる。たまたま彼を知る者が通りかかったことで解放されたが、危ういところだった。

ところがその後、戒厳司令部が「朝鮮人暴動」の流言を明確に否定する。10月下旬には、報道規制の解除によって、関東各地で繰り広げられた朝鮮人虐殺の事実が大々的に報じられる。むごたらしい出来事を伝える紙面を読み進めるうちに、彼の胸に一つの思いが膨らんでいったのだろう。もしあのとき、自分が朝鮮人を発見し、とり囲む側に加わっていたら、何が起きただろうか──。

「私も加害者になっていたかも知れない。その自戒をこめて、センダ・コレヤ。つまり千駄ヶ谷のコレヤン（Korean）という芸名をつけたのである」（『決定版昭和史4』毎日新聞社、1984年）。これが彼の生涯を規定した「千田是也」という名前に込められた思いだった。

その千田が1973年、東京・両国にある、震災と空襲の犠牲者を慰霊する横網町公園に「朝鮮人犠牲者追悼碑」を建立しようという呼びかけに応えて「関東大震災50周年朝鮮人犠牲者追悼行事実行委員会」に参加したのは必然だった。その時点で東京には、虐殺された朝鮮人を悼む碑は一つも存在しなかったのである。呼びかけたのは「日本と朝鮮両民族の理解と友好」を掲げる「日朝協会」であり、これに応えたのは、思想信条を超えた幅広い人々だった。

実行委員会には、東京都議会の各会派の幹事長や天台宗僧侶の壬生照順などとともに、千田是也も名を連ねた。この実行委に寄付などを通じて協力したのは、約600人の個人と250の団体に上る。

私の手元にはそのリストがあるが、そこには当時の美濃部亮吉都知事をはじめ、市川房枝（二院クラブ）、宇都宮徳馬（自民党）といった国会議員、全日本仏教会を設立した僧侶の友松円諦、江東区区長の小松崎軍次、歴史学者の石母田正、作家の石垣綾子といった名前が見える。団体では社会党、共産党の都レベルの組織はもちろん、自民党、公明党、民社党のいくつかの区議団、様々な企業、労働組合、寺院、劇団、病院、法律事務所などが名を連ねている。在日韓国・朝鮮人の名前がないのは、日本人の手で追悼碑を建立することに意義があると考えたからだろう。

この中には、千田のように朝鮮人迫害の現場を経験した人や、それを見聞きした人もいたに違いない。あるいは虐殺を生き延びた在日朝鮮人の思いにふれた人もいたかもしれない。1923年の惨劇からまだ50年しか経っていなかったのだ。

1973年9月、こうした多くの人々の思いの結晶として朝鮮人追悼碑が横網町公園内に建立され、東京都に寄贈された。以来、毎年9月1日にはその前で追悼式典が行われ、歴代の都知事が式典に追悼文を寄せてきた。そこには、あの時代を経験した多くの人々の「惨劇を二度と繰り返させない」という思

資料36 横網町公園の「関東大震災朝鮮人犠牲者追悼碑」

いが込められていた。

　小池百合子都知事の追悼文送付取りやめは、こうした歴史的な重みをもった営みをあっさりと否定する行為だったのである。

　ところで、小池都知事の決定の背景にあったのが自民党の古賀俊昭都議と右翼女性団体「そよ風」の働きかけであったことはすでに指摘したが、「そよ風」は単に行政に働きかけるだけでなく、なんと9月1日の同じ時間に、同じ横網町公園で、彼らの集会を開くということさえやってみせた。震災当時に被服廠跡で火災による死者を多く出した石原町の遭難者たちを悼むという建前を掲げているが、実際にはその会場に「六千人虐殺は本当か！　日本人の名誉を守ろう」などと大書きした3メートルの看板を掲げるなど、実態は虐殺否定を目的とした集会である。「そよ風」周辺の人物は、朝鮮人犠牲者の追悼集会とこの集会が同時につぶされるという流れをつくることが「そよ風」の集会開催の目的だと語っている。要するに、朝鮮人追悼式典をつぶし、さらには追悼碑を撤去させるために、石原町の死者たちを利用しているわけだ。朝鮮人犠牲者だけでなく関東大震災の犠牲者全体を冒涜する所業である。

　虐殺犠牲者の追悼碑は横網町公園だけでなく各地にあるし、追悼式典も各地で行われている。虐殺否定論の狙いは、こうした営みを消し去ろうとするところにあるのだ。

付録❶ 工藤夫妻の示す「証拠」史料を検証する

はじめに

「朝鮮人暴動」の実在を主張し「朝鮮人虐殺」を否定する工藤美代子『関東大震災「朝鮮人虐殺」の真実』(産経新聞出版)と、それとほぼ同じ内容の「新版」である加藤康男『関東大震災「朝鮮人虐殺」はなかった!』(WAC)については、その主張を成り立たせているトリックのあらましを第2章で明らかにした(以下、2冊まとめて工藤夫妻『なかった』と表記。頁数は新版による)。

『なかった』のトリックの解明については、それで尽きているのだが、それに加えて、ここでは彼らの史料引用のやり方に焦点を当てて検証しておきたい。彼らは史料の読ませ方や扱い方においてもトリックを重ねており、ここに『なかった』の〝トリック本〟としての性格がはっきりと現れているからである。

『なかった』は雑学的な脱線も多く、それに伴って様々な史料の引用がなされているのだが、「朝鮮人暴動」実在の証拠という文脈で当時の新聞記事や手記などの史料が引用されているのは16ヵ所である。この16ヵ所の引用の中に見られるトリックの手法は、次に挙げる三つに分類できる。

第一の手法は、情報が錯綜していた震災直後の「朝鮮人暴動」記事を読者に示し、無前提に〝朝鮮人暴動を伝える証拠〟として扱ってみせること。16ヵ所のうち12ヵ所の引用史料が、震災直後のものだ。

すでに繰り返し指摘してきたように、震災直後には「名古屋も壊滅」「品川も津波で全滅」などといった誤報、虚報記事が新聞紙面をにぎわせた。わけても、流言をそのまま書いた朝鮮人暴動記事が氾濫した。

混乱が過ぎ去った後に現れた報道、証言、公的記録と照らし合わせれば、それらの記事に描かれている「朝鮮人暴動」が流言にすぎなかったことは自明である。ところが工藤夫妻は、後の記録とつき合わせて記事の事実性を検証することさえせずに、無前提に「朝鮮人暴動の証拠」として読者に提示する。

たとえ話をすれば、1994年の松本サリン事件の真相を追究すると称する人が、特定の人に対する誤った犯人視報道であふれた94年の記事だけを「証拠」として扱い、その一方で地下鉄サリン事件によって犯人がオウム真理教であったことがはっきりした95年以降の記事や記録には一切ふれないようなものである。その底意を疑われても仕方ないだろう。

第二の手法は、「朝鮮人が襲ってくるという噂を聞いて怯えた」などの流言体験を伝えている談話記事や手記を、まるで朝鮮人暴動の目撃証言であるかのように扱うことである。たとえば、〝流言にあわてふためいたが、結局、1人の朝鮮人さえ見ることもなく終わった〟という内容の手記を、〝幸いにも朝鮮人に攻撃されずにすんだ〟エピソードと説明し、朝鮮人暴動の証拠として掲げたりする。

第三の手法は、原文の一部を不自然に切り取ることで原文が伝える内容を歪め、工藤夫妻にとって都合のいい内容として読者に誤読させるというやり方だ。都合の悪い箇所を、ときには「略」とも示さずに省略し、噂についての言及を、目撃した事実として読ませたりしている。

次頁からは、この**三つの手法**を駆使した引用の典型例として、五つの事例を取り上げる。その後で、他の引用についても駆け足でそのおかしさを解説する。

最後に、彼らの史料引用に関連して触れておきたいことがある。

工藤夫妻が、これらの史料の多くを朝鮮人虐殺研究の基本文献である『現代史資料6　関東大震災と朝鮮人』から孫引きしていること、「朝鮮人暴動」実在の証拠として示される16ヵ所のうち11ヵ所の引用史料が同書に収録されているものであること、さらに後書きでは謝辞まで記していることは、第2章ですでに述べた。

その謝辞の内容は、「本書を執筆するにあたっては、みすず書房『現代史資料6』を特に参考にさせていただき、多くの示唆を得た。明記して謝意を表したい」というものだ。異様なことに書名の前に「みすず書房」という出版社の名前を置き、その一方で肝心の編者名を省くという、常識では考えられないことをしている。

『現代史資料6』は、虐殺研究が始まったばかりの1963年に、在日韓国・朝鮮人の歴史研究者である姜徳相、琴秉洞の両氏が心血を注いで史料を収集し出版したものだ。本書でも繰り返し引用している内閣府中央防災会議の専門調査会報告『1923関東大震災【第2編】』でも、「半世紀近く経た現在から見ても、十分な史料調査に基づいた質の高い史料集である」と評価されている。

両氏の研究を悪用した上に、名前すら出さない「謝辞」なるものを書いてみせる彼らのやり方には、怒りをとおり越して、うすら寒いものを感じずにはおれない。


工藤夫妻の史料引用におけるトリック事例 1

朝鮮人が出てこないのに「朝鮮人の襲来からようやく逃れた」経験と強弁

『なかった』147頁に登場する
福岡日日新聞 1923年9月23日付の引用 ■

(二日)自分はまだはつきりと覚めやらぬ眼をこすりつつ『何だ』と言ふと妻は「○○が攻めて来たそうです」と震へ乍ら答へる。**【A】**自分の住んで居る所から五六町も隔つた処に大仏(注・現品川区大井)と云ふお寺がある。野中の一ツ家で東京からの遊楽散歩には丁度宜い箇所になつて居る。それが近頃土地熱、住宅熱にうかされて附近の丘陵や松林を漸次切り開いて埋立地を作つて居る。之に従事して居る土工は全部○○である。彼等は遊楽の婦人にからかう、悪戯をする、折角好ましき此遊楽地も○○の働く様になつてからはすつかり恐怖の土地となつて仕舞つた。**(略)**果せるかな、妻は自分に彼等の襲撃を告げた。自分の宅は小高い山の上に在る一千坪の一廓が三つにしきられて、私は其一廓の一隅を占めている。此一廓の周囲は凡そ生垣で更に此の一廓に続ひて五六百坪宛の空き地が二つある。（略）ことある場合の避難地としてはまことに適当な個所である。それを認めてか、自分が妻に揺り起こされてまだ身仕度も整へぬ間にもう附近の人達が続々と自分の家目指して避難のため押寄せて来た。

二日神戸発の某船の船長の一家族もあれば、其船で官命を帯びて渡航した某省の某高等官の家族もある。小学校の女教員、今年某大学を出て初めて家庭を持つた若夫婦、常には言葉も交わさなかつた妾生活をして居る町の角に住んで居る女すら此中に交つて居た。総勢二十五六名、婦人、子供、お婆さんが多くて男性は僅か四五人である。【B】さうして集まつた人達を最も安全なる避難ケ所として地続きの空き地へと導いた。【C】生茂る叢や芒の中にすつぽりと姿を隠さしめた。其場合、勢ひ自分は指揮官たらざるを得ぬ、自分は『若し○○が掠奪を目的とするならば、全然無抵抗で行きませう。併し多少でも生命に危害を加へる様な形跡があつたならば、私達は婦人子供を先々逃がし乍ら出来るだけ抵抗を続けて逃げませう』と宣告した。【D】巡査の一人があご紐をかけて、自転車に乗つて駈けて行く。それを把えて『どんな形勢ですか』と訊ねると彼は「今○○の数三百人程が団体を作つて六郷川で青年団や在郷軍人団と闘つて居る。其中の五六十人が丸子の渡し附近から馬込に入り込んだと云ふ情報がありました、そうして毯子を渡つた処で十五六人女や子供を殺したさうです。皆さん警戒して下さい」と叫び乍らどこかへ飛んで行く。

自分はこれは誠に容易ならざる事と思つた。（略）警鐘の響が四方八方から起る。ワー つと言ふ様な賊声がどこからか聴こえる【E】

（中根栄談『福岡日日新聞』、大正十二年九月二十三日）

※伏字部分は他の関係資料によれば朝鮮人を指す蔑称が入る

■

以上、最後の（ ）内の説明や※も含めて、『なかった』から。また、工藤夫妻は明記していないが、『現代史資料6』からの孫引きである。ちなみに「中根栄談」とあるが、これは工藤夫妻が勝手にそう解釈したもので、原文にはこれが談話であることを示す要素はない。

この文章を残した中根栄氏は日本電報通信社の役員。『戦線の軍犬クラウ』という著書もある愛犬家でもあった。『なかった』本文では、「大森の高台に広大な敷地を持つある夫婦は、近所の住民多数を自宅

付録①

の庭に招じ入れ、朝鮮人の襲来からかろうじて逃れた」と説明がつけられている。

さらに、この記事には**（略）**と示さずにこっそりと省略を行っている箇所がある。その数なんと5ヵ所。文中に【A】【B】【C】【D】【E】とその場所を示した。このほかに**（略）**と明示している中略が3ヵ所ある。合わせて8ヵ所！　ここまで来ると異様である。

工藤夫妻が**（略）**や、**（略）**と示さない〝こっそり省略〟によって隠蔽しているのは、一つには中根栄氏がもともと朝鮮人への偏見を強く持った人物であるという事実だ。たとえば三つ目の**（略）**で略された部分には、「体格のいい〇〇の壮漢が垢と埃りに汚れた労働着を纏ふて凶器を手に血と性に飢えた叫び声を挙げつつ生垣を破つて自分の団体（女性たち）に襲ひかかる姿がまざまざと現はれる」という、うんざりするような差別的な記述が含まれている。

もう一つには、「朝鮮人暴徒が迫ってきている」という中根氏の認識が根拠薄弱であることが分かる記述をこっそり略していることだ。たとえば【B】で略された部分にはこんな一文が含まれている。「此くする中に〇〇が来たと云ふわめきが方々から聴こえる。或ものは直ぐ眼の前に来たやうにも伝へるのである」。震災時の回想にしばしば出てくる、幻覚じみた流言拡散の様子そのものである。三つ目の**（略）**で略された文章の中には、「警官が云ふ処であるから嘘ではないと信じた」という一文もある。警官による流言の拡散を示す記録だが、逆に言えば警官の呼びかけ以外に根拠がなかったということでもある。

さらに、この引用は、中根氏と住民たちのパニックがどのように終わったのかを隠蔽している。【E】で略されている以下の一文を見てみよう。

こうした恐ろしき時間を二時間余りも叢の中で過ごしたのであった

これが原文の最後の一文である。結局、心配していた朝鮮人の襲撃など起きることもなく、彼らは草むらを出て行ったのである。いかにあやふやな噂に怯えていたのかが伺える。

こうした箇所を復活させて通読してみれば、この記事に描かれているのは、「朝鮮人暴徒が襲来する」という流言に怯えて避難した人々の姿であり、それ以上でもそれ以下でもないことが分かる。いかなる意味でも「朝鮮人暴動」の描写ではないし、その実在の証拠にもなりえない。朝鮮人が一人も出てこないのだから当たり前である。

ところが工藤夫妻は、この記事の引用に続いて「朝鮮人の襲来からようやく逃れた」「この記録は幸いにも自身が朝鮮人から直接攻撃を受けたわけではない。だが尋常ならざる恐怖を附近住民と共に経験し、警官もそれに加わって異常な状況が生み出されていた」と事態をまとめている。

奇怪な説明である。「幸いにも自身が朝鮮人から直接攻撃を受けたわけではない」も何も、この記事には、直接だろうが間接だろうが「朝鮮人の攻撃」なるものが実在したことを示す内容は含まれていない。それとも、人々がそう信じていたのだから事実だとでも言うのだろうか。

朝鮮人暴徒が今にも押し寄せるという噂におののいたが、結局、誰も現われなかった——という証言であれば、それこそ無数に残っている。当時の人々は、こうした経験を通じて、一、二週間もすぎる頃には、朝鮮人襲来は事実ではないと悟ったのである。にもかかわらず、この手の証言を「幸いにも自身が朝鮮人から直接攻撃を受けなかった」証言だと強弁するのであれば、当時の東京はそうした幸いな日本人であふれかえってしまうことになる。

工藤夫妻がもし、「朝鮮人暴動」の実在を示す証拠を示したいのであれば、「幸いにも自身が朝鮮人から直接攻撃を受けなかった」証言ではなく、〝不幸にも朝鮮人から直接攻撃を受けた〟人の証言を探すべきだろう。だが彼らは、震災直後の流言記事以外にはそんなものを一つも示すことはできない。

そもそも、こんな読み方をされて驚くのは中根栄氏本人に違いない。というのは、この記事は中根氏による「震害の体験」という連載の第6回【➡資料37】なのだが、続く第7回（9月25日付掲載）では草むらを出た中根氏たちがその後どうなったか、どのような認識をもつに至ったかが描かれているからである。これは、『現代史資料6』には収録されておらず、福岡日日新聞に直接当らないと読めないものだ。

第7回【➡資料38】では、中根氏は草むらを出て情報収集のために町に向かう。その結果、彼は何を理解したか。

「流言飛語飛ぶが如くに伝はつたがそれらしいものは一向に姿を見せなかつた」「逢ふ人毎に情報は如何デスカと尋ね合ふのであるが凡ていい加減な事を伝へるばかりデ一として真を掴むに足るものはない」「兎に角集め得た情報では大したことではないらしい」。

要するに、朝鮮人暴徒が迫っているなどという事実はないということを理解したのである。中根氏は急ぎ帰宅すると、避難している近隣住民に「成るべく安心させる様に各種の情報を語り聴かせた後、各自の自宅へ引揚げさせ」たのであった。この連載「震害の体験」は、9回(9月26日夕刊)まで続くが、この後、中根氏は一度も「朝鮮人の襲撃」について言及もせずにこれを終えている。

一体これのどこが、「朝鮮人の襲来からようやく逃れた」経験なのだろうか。私にはさっぱり分からない。

警視庁『大正大震火災誌』の「流言の発生」中には、9月2日午後2時5分ごろに確認された流言として、「横浜方面より襲来せる鮮人の数は約二千名にして、銃砲、刀剣等を携帯し、既に六郷の鉄橋をわたれり」「既に多摩川を渉りて洗足村及び中延附近に来襲」といった、この記事と同じ地域で拡がっていた、ほとんど同じ内容の流言が記録されている。

また、9月15日付の読売新聞の記事では、警視庁の木下刑事部長が「流言に驚いて横浜東京間就中六郷附近などで無暗に警鐘を打つたりしたのが流言を産むの結果となつたものである」とコメントしている。中根氏が住む大森を含め、品川から多摩川にかけての地域で、流言がひどかったことは確かである。流言は横浜から北上したようであるから、この地域で流言が盛んだったのは不思議なことではないだろう。

資料37

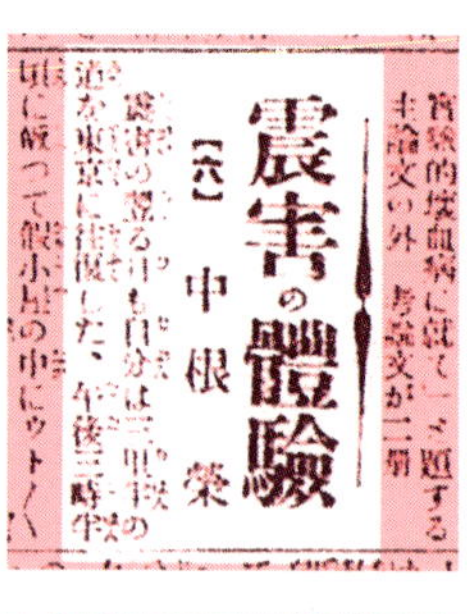

震害の體驗【六】 中根榮

震害の翌る日も自分は三里餘の道を東京に往復した、午後三時半頃に歸つて假小屋の中にウトウト

な叫び聲がどこからか聞こえる、こうした恐ろしき時間が二時間餘りも、闇の中で過ごしたのであつた

福岡日日新聞
1923年 9月23日付
中根栄
震害の体験【6】

資料38

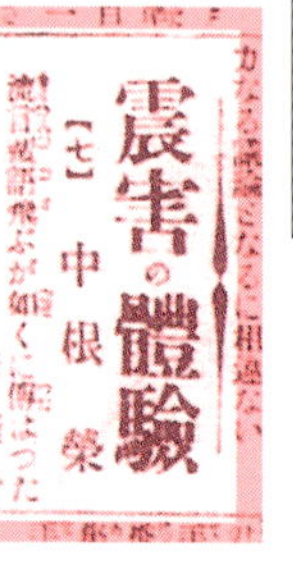

震害の體驗【七】 中根榮

流言蜚語飛ぶが如くに傳はつたがそれらしいものは一向に姿を見せなかつた、此ていつまでもある

苦心集め得た情報では大したことでないらしい、流石にあの婦人子供迄も一處に苦しめて置くべきにあらずと自分は早々に避難地に歸つたそうして成るべく安心させる様に各種の情報を語り聴かせた後、各自の自宅へ引揚げさせることにした、

福岡日日新聞
1923年 9月25日付
中根栄
震害の体験【7】

市民が恐怖におののいていた以上、朝鮮人襲来は真実？

『なかった』145頁に登場する河北新報 1923年 9月6日付の引用 ■

川口町の混雑は実に名状すべからざる有様で、避難民は大群を成して押し寄せてくる。川口町から徒歩で赤羽まで行くと此処にも避難民が一ぱいでとても通れない程だ。空腹を訴ふる子供や足を挫いた婦人、重傷と飢餓とに死にかかつてゐる男など救ひを求めてゐる。**（略）**やつと上野に着いて山に登つてみればまるで焼石の河原のやうだ。僅に浅草の観音様や大建物の鉄筋のみが見えてゐる。青年団、軍人分会、自警団員等はいずれも刀鉄棒樫木棒を持つて警護に任じてゐる。なんでも地震後の火災は左程でもなかつたが、一日夜から不逞鮮人が随処に放火し、上野の如きも朝鮮婦人が石油をまきそれに鮮人が後から爆弾をなげた為めなさうで、罹災民の鮮人を憎むことは迚も想像以上である。この附近の人達は岩崎邸に避難したのであるが、邸内の井戸に毒薬を鮮人に投ぜられたので非常に困つて居る。それで、四日午前には万世橋で七人、午後には大塚で二十人、川口で三十人の不逞鮮人隊が捕縛され、その一部は銃殺されたといつてゐた

（渋谷東北大学書記談 『河北新報』大正十二年九月六日） ■

これも、『現代史資料6』に掲載されている記事である。

東北大学の書記による東京見聞記だ。鉄道は川口駅までしか復旧していなかったので、彼はそこから徒歩で東京に向かった。一読して分かるように、朝鮮人に関わる部分はすべて伝聞。工藤夫妻自身もそれは分かっているようで、この引用に続いて「この談話の主にしても朝鮮人が放火したのを自身の目で見たわけではない」「岩崎邸井戸への毒薬投入についても同様である。上野の町中の混乱状態のさなかに彼が耳で聞いたに過ぎないことは証拠としてはやや弱い」としている。その通りである。「やや弱い」

どころではなく、朝鮮人に関する部分は、彼が耳にした噂を報告しているにすぎないと読むべきだろう。

ところが、工藤夫妻はその直後に信じがたい「結論」を導き出すのである。

だが、上野に来るまで多くの犯罪を繰り返しながら一団となって市中を襲っていた経緯を聞いていれば、自警団の血相が変わり、市民が恐怖におののくのは当然のことである。常識的にはこの談話が目撃証拠ではないとはいえ、ありのままを伝えている可能性が高いと思われる

意味がまったく分からない。「上野に来るまで多くの犯罪を繰り返しながら一団となって市中を襲っていた経緯を聞い」たのは誰なのだろうか。続く言葉を見る限りでは、自警団や市民であるようだ。だとすると、この文章で主題になっているのは、「経緯」が事実かどうかではなく、自警団や市民の「認識」だということになる。確かに、〝朝鮮人が多くの犯罪を繰り返しながら一団となって市中を襲っているぞ〟という噂を耳にして、それを信じ込んだのであれば、自警団が血相を変えるのは「当然のこと」だろう。だとするとこの文章は、自警団の気持ちを説明した文章なのだろうか。

そう思っていると後半では、「常識的にはこの談話が目撃証拠ではないとはいえ、ありのままを伝えている可能性が高いと思われる」と続く。どうもこの談話が伝える上野での朝鮮人の放火や投毒が事実である可能性が高いと言いたいらしい。自警団が上野での放火を事実だと信じて血相を変えたことが、どうして放火の噂が事実の「ありのままを伝えている」根拠になるのか。

Aは事実である、なぜならBさんがそれについて血相変えて怒っているから――という論理が果たして成り立つだろうか。カン違いや誤解によって誰かに腹を立てることなど、日常のなかで誰もがしばしば経験する、ありふれたことではないのか。

それとも後半の「ありのまま」とは、朝鮮人の放火のことを指すのではなく、そうした浮説に右往左往したり、血相を変えて朝鮮人を銃殺したりした人びとがいたという状況を「ありのままに伝えている」という意味なのであろうか。実は、『なかった』には、このような、主語も主題も論理展開も判然としない、混濁した文章が非常に多い。

では当時、上野は実際にはどんな状況だったのか。地元の下谷（したや）区役所がまとめた文書があるので見てみ

よう【⬇資料21／73頁】。■

わが区に於ては(9月)二日、午前四時頃突如として『不逞鮮人今次の大災を好機至れりとして、予て用意の爆弾を投擲し、或はまた毒素を飲料水、菓子等に混入して飢渇に喘ぐ市民を燼滅せんとはかる』の仮想幻影的流言が飛んだかと思ふと、次の瞬間には早や『精養軒の井戸水変色す』『上野公園下の井戸水異常あり』『博物館の池水変色して金魚皆死す』などと続々所轄署に届出があつた。依つて直ちに急行試験するに何等の異変をも認められない。為めに之が事実無根を掲示すると共に、制服巡査を派して民衆をして安堵せしめ、その混雑を整理するといふ有様であつた。

夜に入つては更に『鮮人二人いとう松坂屋呉服店へ二個の爆弾を投じて発見逮捕され、取調の結果賞金をさへ所持す』とか『二日夜半の北大門町の火は社会主義者か鮮人かわからぬが、投弾者らしい者が路次より飛出した所を、群衆に殴殺された』とか『上野駅で二名の鮮人ビール瓶の石油により放火中発見されこれ亦殴殺された』とかいふやうにあらゆる方面からさも尤もらしい流言が飛び、遂には『鮮人警官に変装して出没してゐるから警察官とて油断すな』といふ言語に絶するものさへ飛んだ

(東京市下谷区役所『下谷区史付録大正震災志』1937年)

■

下谷区役所も、人々が血相を変え、恐怖におののいた様子を事実として伝えているわけである。だが下谷区役所は、工藤夫妻のように〝人々が血相を変えたから事実〟とは主張していない。人々の恐怖の原因を「仮想幻影的流言」と総括している。井戸を調べたが何も検出されなかったのだから当然だろう。

1923年9月1日から1週間ほどの上野で何が起きたのかを本当に知りたいのであれば、震災直後の談話記事に真相を求めるのは間違っている。なぜなら、当時はまだ混乱が続いており、一体何が起きているのか、はっきりしたことは分からない有様だったからだ。混乱の中で話され、書き留められた談話記事と、世の中が落ち着き、事態の全貌がはっきりして以降(翌月以降)にまとめられた記録や証言のどちらが真相に近いと考えるべきか、言うまでもないだろう。それでもなお、工藤夫妻が、震災直後の記事こそが事実を伝えているのであり、この下谷区役所の記述の方が誤りなのだと主張したいのであれば、それなりに強力な反証をそろえてみせなければならないはずだが、彼らは混乱のさなかに書かれた震災

直後の談話記事をせわしげに次々と示すだけだ。

ちなみに当時、上野公園は避難者であふれかえっていた。そこでは様々な流言が飛んだようである。作家の佐藤春夫もまた、自警団として動員され、幻の朝鮮人襲来に振り回されていた。そして、こうした中で起きた朝鮮人迫害の様子を目撃した証言も、いくつも残されている。

工藤夫妻の史料引用におけるトリック事例 3

拷問による「自白」が暴動の証拠？

■『なかった』337頁に登場する北海タイムス1923年 9月7日付の引用

私は本所の家に帰る途中、道成橋で多数の人が鮮人を捕らへて居るのを見ました。其人達は盛んに鮮人を竹槍で責めて訊問して居ましたが其鮮人は苦しさに堪へず到頭自白しました。其話に依ると鮮人達は東宮殿下御成婚式の当日に一斉に暴動を起す事を牒合して爆弾等をひそかに用意して居たが此震災で一斉に活動したのだと云ふ。又二日には之に関する協議会さへ開く予定があつたと云ふ。彼等には又誰か後押はあるらしい風であつたが死ぬ程責めても到頭吐かなかつた

（青木繁太郎談、『北海タイムス』大正十二年九月七日）■

これもまた、『現代史資料6』からの孫引きと思われる。そしてまた、避難者の談話をまとめた震災直後の記事だ。この時期の新聞の信憑性の低さについては繰り返し述べてきたとおりである。

右の記事は、『なかった』の中で朝鮮人テロリストが「自白した例」として取り上げられている。この下りでは、他に同様の内容の2つの震災直後の記事を引用し、まとめて「やはり標的は御成婚式だった」という見出しをつけている（336頁）。つまり工藤夫妻は、記事の中に出てくる「朝鮮人の自白」内容を事実として、論を進めているのである。

さて、この記事で青木氏が目撃したこととして書かれている要素は、①道成橋で多数の人が朝鮮人を捕らえていた、②彼らは朝鮮人を竹槍で責め立てて尋問していた、③朝鮮人は苦しさに耐えきれず、暴動計画を白状した――の三つだ。しかしどこまでが青木氏の目撃したもので、どこまでが伝聞なのか、あいまいな感じを受ける。もちろん記者が裏を取ったりもしていないだろう。

工藤氏は、朝鮮人が暴動計画を自白した例は「枚挙にいとまがない」と書いている。確かにそうした記事が多く残っているのは事実だが、決まって朝鮮人を拷問したところそのように白状したというものである。

仮に朝鮮人がこのような「自白」を行ったこと自体が事実だったとしても、竹槍で「死ぬ程責め」られた末の供述を信用できるだろうか。もし、これを読んでいるあなたが、竹槍(叩くものではなく、刺すものである)で「死ぬ程」責め立てられ、「お前は暴動に向けて爆弾を用意していたのだろう、白状しろ」と拷問されたとして、どこまで「違う」と言い続けることができるだろうか。

警視庁の関東大震災時の総括『大正大震火災誌』(1925年)は、震災直後にどのような流言があったかを記録している。そのなかには、朝鮮人が暴動を地震の前から準備していたという流言を見ることができる。「鮮人等は予てより、或る機会に乗じて、暴動を起こすの計画ありしが、震火災の突発に鑑み、予定の行動を変じ、夙に其用意せる爆弾及び劇毒薬を流用して、帝都の全滅を期せんとす」という流言を警視庁が確認したのは9月2日午後6時ごろだという。工藤夫妻が引用する記事に出てくる朝鮮人の「自白」とほぼ同じ内容である。念のため言っておくが、警視庁はこれを「事実」や「事実かもしれない情報」として掲載しているのではなく、事実ではない「流言」として記録しているのである。

それにしても、暴動を「自白」したという朝鮮人はその後、どうなったのだろうか。警察に連行されて命をとりとめたのであればまだいいが、竹槍で死ぬほど責められた彼は、生きて道成橋を離れることはなかったのかもしれない。ここに描かれている光景は、そういうものなのである。これを「朝鮮人が暴動を自白した記録」として読み、「やはり標的は御成婚式だった」などという見出しをつけてみせる者の感性は、理解を絶する。

省略を悪用して原文の趣旨をねじまげる

『なかった』251頁に登場する
大曲駒村のエッセイ（1923年10月）の引用

■

惟うに、今回の震災ほど官民一致して事に当たったのを、余は曾つて目撃したことはない。【A】これは帰するところ、人力を以て天災に当るという覚悟から来たものに外ならないのである。過激思想の徒、極端な共産主義者らが、かかる千載一遇の場合に際して、良民を煽動し、あるいは人心を撹乱して以て自家の非望を成就しようと努めているとか聞いたが、それは最も好機を捕えたもののようであって、しかも最も愚策であると余は笑わざるを得ない。**（略）**要するに今は人力と天災の対抗である。この意味で余は不逞の徒――ある人はこれを朝鮮人の一団と言い、また過激派の陰謀と言う――を恐れない

（大曲駒村『東京灰燼記』中公文庫）

■

この引用は、正確に言えば朝鮮人暴動の実在の証拠という文脈で行われているものではないが、その悪用ぶりがあまりにひどいので、ここで紹介しておく。

大曲駒村（1882〜1943年）は川柳の研究家や俳人として知られる人物で、震災当時は安田銀行浅草支店長。『東京灰燼記』は、震災の翌月に刊行されたもので、震災直後の世相を日記のように書きつづったものである。工藤夫妻は「彼が残した記録も捨てがたい史料である」という一言だけを添えて、右の一文を引用している。工藤夫妻がこれを引用した意図は、「余は不逞の徒を恐れない」という一文によって、テロリストに勇敢に立ち向かった当時の東京市民の気概を読者に印象づけるところにあるのだと思われる。だが、その読ませ方は、原文を通読してみれば原文の趣旨を完全にねじまげたものだ。順を追って説明しよう。

この引用にも、例によって**（略）**と表記した省略と、表記なしの隠された省略がある。切り取られている部分を復活させ、前後の文脈を再現すると、「余

は不逞の徒を恐れない」という一言が、工藤夫妻が読ませたいような文脈で発せられているわけではないことが分かる。

『東京灰燼記』の原文を、工藤夫妻が引用する手前からたどり直してみよう。中公文庫版で69頁からである。場面は、震災直後の新宿の光景だ。戦後の闇市のように、おでんや甘酒、うどんなどが路傍で売られている。その中に、まるごと20銭で買える西瓜を一切れ20銭という無茶な値段で売っている青年がいた。被災者の足元を見るその所業に憤った男が、「この極道めッ」と叫んで、青年の頬を平手打ちする。たちまち取っ組み合いが始まるが、その隙に西瓜は群衆に持ち去られてしまう。野次馬はその様子を見て、「ざまア見やがれ」と西瓜売りの青年を罵るのであった。

こうした情景を描写したあとで、大曲はこう書いている。

■

その外バナナ売りは、四、五本付いた一ト房を、どこでもざらに五十銭で売っていた。これは火事の翌日に見たことなのだから、二日以来のことだった。暴利を貪る男ほど、この際憎むべきものはないと思った。／『政府はこの際、暴利を貪るものあるを発見次第、厳重なる暴利取締法を励行、処罰する筈である』／という掲示は、処々に張り出されてあるが、尤もなことである。この際一番恐るべきことは、余は不逞の徒よりも、むしろこの暴利者の横行であると思う

■

そしてこの後、工藤夫妻が引用した部分が始まる。■■は彼らが（略）によって隠した部分、■■で示したのは（略）なしでこっそり略した部分【A】を表に出したものだ。

■

惟うに、今回の震災ほど官民一致して事に当たったのを、余は曾つて目撃したことはない。**つまり人心の結合が、今度ほど強因の実を示したことはないのである。**これは帰するところ、人力を以て天災に当るという覚情から来たものに外ならないのである。過激思想の徒、極端な共産主義者らが、かかる千載一遇の場合に際して、良民を煽動し、あるいは人心を撹乱して以て自家の非望を成就しようと努めているとか聞いたが、それは最も好機を捕えたもののようであって、しかも最も愚策であると余は笑わざるを得ない。もし彼らにかかる陰謀があった――かどうかは、実は余も知らない――としたならば、流言

略無し省略

省略

飛語、人心恐々として定まらないような現状ではあるが、いざとなるとまるで溶炉中の銅塊のように融解し切って、秩序の維持のためには、誰もが無意識に一致行動しているのが事実だからである。要するに今は人力と天災の対抗である。この意味で余は不逞の徒——ある人はこれを朝鮮人の一団と言い、また過激派の陰謀と言う——を恐れない

この文章は、そのあと、このように続く。

否それは恐るべきことではあろうが、それよりもなお恐ろしいものが他にあるのである。即ち極端なる個人主義、我利我利亡者、というような貪婪者の出現である。而してこれに対する民衆の反抗、激怒、即ち暴動これである。／余は暴利者を極端に憎む。／富豪はその宝庫を直ちに開け。／美しき庭園は、彼らのために安き眠りの床に充てよと命令する。／与うるものは、受くるものよりは幸福だということは、永遠の真理である。／貪る者は貪られ、奪う者は奪われ、殺す者は遂に殺さるるを免れない

その後は、岩崎家がいくら、三井家がいくらと、富豪や要人たちの寄付金額を示して終わる。

どうだろうか。工藤夫妻が省略によって読者の目から隠した部分を復活させ、引用部分の前後を含めて通読してみれば、「余は不逞の徒を恐れない」という言葉が、工藤夫妻が読ませたかったような〝テロリストと闘う市民の気概〟といったことを示すために出て来るのではなく、震災に乗じて暴利を貪る商人たちへの怒りを強調し、富豪を含めて「持つ者」が義務を果たすべきだと主張する上での引き合いに出されているのにすぎないことが分かるだろう。そもそもこの章のタイトルは「富豪は宝庫を開け」なのである。

しかも大曲は「彼らにかかる陰謀があったかどうかは、実は余も知らない」とさえ言っている。ところが工藤夫妻はこの部分を略し、都合のいい文言を切り張りすることで、文意をねじまげて紹介し、当時の人々がテロリストの襲撃に毅然と立ち向かったのだという自らの空想のストーリーを大曲駒村に補強させているのだ。もはや原典の改変に近い。

省略の悪用で噂への言及を事実の描写のように見せかける

『なかった』337頁に登場する北海タイムス 1923年 9月5日の引用

■

恰度(ちょうど)昼食をしやうとする処でした。始めは上下動に揺れ次第に水平動になりましたが、とても立っていられぬので庭に出ましたが、他区に比すると極楽だと凡ての言はれた小石川で斯うだつたのです。大抵の**【A】**兎(と)に角(かく)罹災民は小石川方面に集まる。自動車も罹災民を乗せて此辺に集まるのでその雑踏は言葉に尽し切れません。一日夜、植物園にもいつてみましたが、ほんとうに避難民で一杯で、一番困るのは排地物は凡て居たままなのでその臭気の程は形容の言葉がありません。二日の朝から昼にかけて非常に石油の臭ひがしました。此頃、小石川辺では鮮人が団体を組んで来るとか爆弾を投て、焼き払ふ計画を立ててゐるとか、**(略)**生きてゐる心持がありませんでした。私共も一所になつて捜索の結果、私の家の市も附近の宮様の原で爆弾一個を発見しました。**【B】**私の乗つた汽車は途中で列車の下より爆弾を抱いた三人の鮮人を見出して殺しましたが、**(略)**鮮人は何れも多大の金を持つてをり**【C】**」

(北大予科二年生、杉山又雄談、『北海タイムス』大正十二年九月八日)

■

震災直後の、混乱期の談話記事である。これもまた例のごとく『現代史資料6』に収録されている記事である。そしてこれにも例のごとく、**(略)**と示さない〝こっそり省略〟が3ヵ所も存在する。**【A】【B】【C】**と示した。これに加えて**(略)**が2ヵ所。この短い引用の中に5ヵ所もの省略があるのだ。

この引用記事は、先に紹介した事例3と同じく、「やはり標的は御成婚式だった」という見出しがつけられた下りで、〝朝鮮人テロリストが自白した例〟のひとつとして並べられている。末尾の「鮮人は何れも多大の金を持つてをり」は、『なかった』では、この直後に展開される「(テロリストの)大胆な計画と資金調達」というテーマにつながっている。

この記事に出てくる「爆弾を投て、焼き払ふ計画」や「鮮人は何れも多大の金を持つて」いるという話も朝鮮人の「自白」にもとづくのであろうか。そうではない。省略部分を復活させて読んでみれば、そこには「自白」すら登場していないことが分かる。『現代史資料6』に収められた元記事の見出しと、工藤氏が省略した部分をすべて復活させたものを、以下に掲載するので、通読してみてほしい。**（略）**と示された省略部分は■■、**（略）**と示さずにこっそり略された部分は■■で示した。

■

凄惨なる其日の光景／汽車内で不逞鮮人を／寄つてたかつて殴殺す／北大予科二年生杉山又雄氏談

略無し省略

恰度(ちょうど)昼食をしやうとする処でした。始めは上下動に揺れ次第に水平動になりましたが、とても立つていられぬので庭に出ましたが、他区に比すると極楽だと凡ての言はれた小石川で斯うだつたのです。**それからも度々揺り返しのあつたのは無論です。大抵報導されてゐるやうなことは言ふ迄もないが、後で見ると時計は十二時の処で針を止めて居りました。**兎(と)に角(かく)罹災民は小石川方面に集まる。大抵の自動車も罹災民を乗せて此辺に集まるのでその雑踏は言葉に尽し切れません。一日夜、植物園にもいつてみましたが、ほんとうに避難民で一杯で、一番困るのは排地物は凡て居たままなのでその臭気の程は形容の言葉がありません。二日の朝から昼にかけて非常に石油の臭ひがしました。此頃、小石川辺では鮮人が団体を組んで来るとか爆弾を投て、焼き払ふ計画を立ててゐるとか、**又は罹災者などは寄つてたかつて九月一日は露西亜の革命記念日で前から爆弾を投げる計画がたててあつたなどの流言が行はれ、**生きてゐる心持がありませんでした。私共も一所になつて捜索の結果、私の家の而かも附近の宮様の原で爆弾一個を発見しました。**そして丸山町丈で鮮人を三名捕へました。それから警戒は甚しいもので私の附近などでも町内で切符を持たぬものは何人と雖も交通を禁止しました…三日横浜から逃れた私の叔父は横浜は山の手が一部残つたのだが夫(それ)が爆弾や放火の為丸焼けになつたと泣いて居りました。一番凄かつたのは罹災民が我々の敵不逞鮮人と叫ぶ声が悲愴なことで夫も浅草方面より来る罹災民に多かつたやうです。何処の避難民でも今では知らぬ人の食物、水は決して貰つて飲みません。夫に付ても私が四日田端より乗つた汽車中一人の男が配つてくれる芋を貰へませんでした。其時誰かが朝鮮人は芋を食はぬと云**

省略

省略

略無し省略

つたら汽車の中の罹災民は其者が次の列車に乗つて逃げくるのを打つやら叩くやらして殺して快を叫んでゐるのです。私の乗つた汽車は途中で列車の下より爆弾を抱いた三人の鮮人を見出して殺しましたが、白河の少し手前でも同様な鮮人を見出し列車の中で殴り殺しました。実に無惨です。四日私の立つ頃は稍(やや)平穏に復しましたが、鮮人は何れも多大の金を持つてをり、**三越で殺されたものは千五百円を持つていたと言はれてをりました**

■

どうだろうか。工藤氏が最も読ませたかった「小石川辺では鮮人が団体を組んで来るとか爆弾を投て、焼き払ふ計画を立ててゐるとか」という下りは、「〜などの流言が行われ」とあるとおり、流言の内容を語っていたのである。また、「多大の金を持つてをり」も、「〜と言はれてをりました」と結ばれている。つまり、ともに伝聞(流言)である。拷問の末の「自白」ですらないのだ。

さらに全文を読むことで見えてくることがいくつかある。ひとつは、全体にわたって集団ヒステリーともいうべき状況が描写されていることである。また、この記事には伝聞と目撃、朝鮮人への恐怖と、反対に同情と、様々な矛盾する要素が混在している。

ちなみに、杉山氏は原っぱや列車の中で爆弾が見つかったと語っているが、杉山氏がこの目で見たのか、そうでないのかも、これだけでは判然としない。はっきり言えるのは、白河に向かう列車の中や、小石川の原っぱで、爆弾が見つかったという公的な記録や証言はないということだ。そもそも震災期に爆弾が実際に押収されたという確かな記録は存在せず、その一方で警察に持ち込まれた爆弾らしきものが缶詰だったり、おもちゃだったりした例が多かったとは、第1章で指摘したとおりである【⬇38頁】。この記事中の爆弾話も、これだけでは事実性を認めることはできない。震災直後の混乱した現状認識をそのままに反映しているものだと理解すべきだろう。

工藤夫妻はこの引用においても、**(略)**や、**(略)**と示さない省略を多用することで、流言の説明を事実の説明を誤読させたのである。

付録❶

資料39

工藤夫妻（工藤美代子／加藤康男）『関東大震災「朝鮮人虐殺」はなかった』（WAC・2014）「朝鮮人暴動」の証拠として出てくる史料一覧

背景色の史料 は震災直後の記事

史料引用番号	『なかった』掲載頁	出典（特記以外1923年）	内容	『現代史資料6』に原文あり	（略）表記なしの略	備考
1	42	河北新報 9月5日	細田専務談。横浜。不逞鮮人二千が腕を組んで市内を横行	あり（169頁）		伝聞内容を語ったもので目撃談ではない
2（2章97頁で紹介）	43	「横浜地裁震災略記」（1935年）	長岡熊雄判事手記。横浜市内は朝鮮人が暴れているので下船するなと言われた、との内容	あり（190頁）		切り取り方が意図的。工藤夫妻が引用を止めた部分の後で、長岡氏は下船し、実際には自警団が暴れているのを知る
3	44	北海タイムス 9月6日	品川で300人の朝鮮人と戦闘。	あり（173頁）		軍部隊が「（品川周辺の）鮮人襲来の報は全然虚報」と結論。品川署も同様の結論
4	57	生方敏郎「明治大正見聞史」（1926年）	朝鮮人の放火	あり（186頁）	あり	放火目撃はなし。東京・音羽町が舞台なのに工藤夫妻は横浜の出来事として説明
5	144	河北新報 9月6日	神田・山瀬甚治郎談。鮮人が火薬庫を強奪など	あり（174頁）	あり	単なる伝聞を、「朝鮮人一団に遭遇」した「恐怖の体験」だと強弁
6（トリック事例2）	145	河北新報 9月6日	渋谷東北大学書記談。岩崎邸の井戸に毒との話	あり（170頁）	あり	「証拠としてはやや弱い」（工藤）が、市民が恐怖におののいていたのだから事実である?
7（トリック事例1）	147	福岡日日 9月23日	中根栄談。朝鮮人襲来の報を受けてヤブの中に避難（結局、誰も来ず）	あり（177頁）	あり（略）と合わせて8ヵ所も。意図的な略の疑い	「幸いにも直接の攻撃を受けなかった経験」（工藤）と居直る

8	152	東京日日 9月3日	朝鮮人の放火			放火の疑いで警察が出動したというだけの記事
9	153	東京日日 9月4日	井戸に毒（牛込）			「流言にすぎない」と地元警察署が総括
10	155	河北新報 9月6日	糧秣廠で爆弾爆発	あり（171頁）	あり	事実に反する独断や伝聞の多い避難民談話記事
11	170	大阪朝日 9月3日号外（工藤夫妻は9月2日と表記）	全文「朝鮮人の暴徒が起つて横浜、神奈川を経て八王子に向つて盛んに火を放ちつつあるのを見た」			誰が見ても「目撃」記事とは言えない
12	171～174	東京日日 9月3日	鮮人のため東京はのろいの世界			記事に登場する正力松太郎自身が後に「朝鮮人襲来」を否定
13	182	ロンドンナショナルアーカイブスの外交文書？	アメリカ人の自警団目撃談。「あと10分で朝鮮人と社会主義者が攻めてくる」と告げられるも、朝まで何も起きず、誰も現れず			流言に右往左往したという、ありふれた記録
14（トリック事例3）	337	北海タイムス 9月7日	青木繁太郎談。朝鮮人が暴動を自白。	あり（175頁）	あり	自警団が朝鮮人を竹槍で「死ぬ程責めたら」暴動を自供との記事
15（トリック事例5）	337	北海タイムス 9月8日	杉山又雄談。小石川の状況など	あり（176頁）	あり （略）と、（略）と示さない「隠し省略」が合わせて5ヵ所も。意図的な（略）の疑い	「噂」への言及を事実描写のように見せかけ、読者を誤読に導く
16	338	北海タイムス 9月8日	平田鉄談。「暴動」を自供した朝鮮人を軍がその場で射殺したのを見た？	（176頁）		伝聞と目撃の区別があいまい。重要な自供をした朝鮮人を軍がその場で射殺するものだろうか？
特（トリック事例4）	251	大曲駒村のエッセイ（1923年10月）	「余は不逞の徒を恐れない」		あり	**（略）**を悪用して原文の論旨を著しくねじまげている

付録1

以上、工藤夫妻の史料引用の問題点を、5つの事例を抜き出して解説してみた。朝鮮人暴動の「証拠」という文脈で登場する引用は、この他に12本ある。前の見開きにその一覧表を掲げた（順番は『なかった』での頁順とし、あらためて数字をふっているので注意）。ここでは紙幅の制約があるため、駆け足での一言解説にとどめる。一覧表と照らし合わせて読んでほしい。

史料引用1は、横浜の惨状を語る避難者の談話をまとめた震災直後の記事で、「不逞の鮮人約二千は腕を組んで市中を横行」している、などと語る内容だ。だが工藤夫妻が引用しなかった部分を含めて記事を通読すると、この避難者が実際に見たものではなく耳にしたことを語っているものであることが分かる。つまり目撃証言ではない。「横浜市の総人口五十万の内実に四十八万は全滅」「知事は重傷」など、明らかに事実ではない認識も多く含まれている。神奈川警備隊司令官の奥平俊藏中将が、横浜で流布した朝鮮人の悪事についての噂は「ことごとく事実無根」だったと書いていることはすでに指摘した【➡35頁】。

2は、第2章で紹介した横浜地裁の長岡熊雄判事の手記（1935年）。自警団による暴力の目撃証言であるこの手記を、工藤夫妻は「朝鮮人暴動」の証拠に仕立ててしまった。

3は、横浜から東京・品川に押し寄せて爆弾を投げる朝鮮人たちと住民が戦ったという内容の、震災直後の避難民の談話記事。目撃証言ではなく、伝聞を語ったものだ。横浜から朝鮮人が押し寄せるという流言は当時、盛んに行われたが、『大正大震火災誌』にある品川警察署大崎分署の報告によれば、警察と軍が調査した結果、「不逞徒輩を見ず」という結論を出している。

4は作家の生方敏郎のエッセイ（1926年）から。朝鮮人が続々と警察に連行されていくのを住民が「朝鮮人の放火」だと騒ぐ場面を描いている。誰も放火そのものは見ていない。塀に書かれた符丁の話も出てくる。奇妙なのは、東京の音羽町（現在の文京区）での話なのに、工藤夫妻はこれを横浜での出来事として取り上げ、その後も何度も横浜の出来事として言及していることだ。原文をきちんと読まずに勘違いしているのか、それとも朝鮮人暴動が横浜から始まって東京へと攻め上っていったというストーリーに合わせて意図的にそう語っているのかは不明。略なし省略も含め、おかしな省略がある。

5は震災直後の避難者の談話記事。東京・三河島で「鮮人団が…煙火製造場を夜襲して火薬類を強奪し、婦女を凌辱し、食糧軍資金を掠奪するといふので」

自警団が警戒中であるという内容。「といふので」とあるだけで、実際に悪事を働く朝鮮人を目撃した証言は出てこない。目撃証言として出てくるのは、避難中に見た、撲殺された朝鮮人の死体と、電線で縛られて死にかかった朝鮮人の姿。だが工藤夫妻はこれを「三河島で花火工場を襲撃した朝鮮人一団に遭遇し、その恐怖の体験を語った人物の記録」と説明してみせる。

6は、先に「トリック事例2」として紹介した【➡151頁】。

7も、先に「トリック事例1」として紹介した【➡146頁】。

8は、震災直後の記事で、警視庁本庁の課長らが朝鮮人の放火や抜刀事件を受けて各地に捜査に向かったという内容。では捜査の結果、何が分かったのか。「殆んど犯跡の認むべきものなく、総て流言の無根なるを闡明する結果となつた」(『関東大震災の治安回顧』法務府審査局、1949年)のである。

9は震災直後の記事で、東京・市ヶ谷で自警団が放火や井戸への投毒を図った朝鮮人を捕らえたという内容。実際、多くの朝鮮人がこうして住民の手で警察に連行されてきたことは、東京・市ヶ谷を管轄する牛込早稲田警察署の記録にも残っている(『大正大震火災誌』)。だが警察で調べると、住民が爆弾だと思ったものは缶詰だった。同署長は住民の前で「放火の事、けだし訛伝に出づるなり」と演説している。

10も震災直後の避難者の談話記事。震災当日、燃え広がる都市火災に追われて越中島の陸軍糧秣廠に避難した3000人が、爆弾の炸裂のために一人残らず焼死したのを見た、さらに爆弾を持った朝鮮人を捕らえたところ自白したので在郷軍人らが首をはねた、という内容。だが実は、そもそも糧秣廠で3000人が死んだという事実そのものがない。火災の原因がなぜ爆弾だと断言できるのかも皆目不明だ。ところが工藤夫妻は、「大災害のさ中に計画的なテロ行為をもつて大量殺人」が行なわれたと断定し、朝鮮人の斬首についても「大震災に乗じて無事の市民多数を殺傷したこと、集団をもつて市民を襲い、結果として尋常ならざる恐怖感を与えたゆえの結末である」と肯定する。グロテスクである。

11は第2章で紹介したとおり。

12は震災直後の記事。避難者が集まる皇居前に30人の朝鮮人が抜刀して乱入など。だがこのとき、皇居前広場には30万人の避難者であふれかえっていたことを思えば、実に馬鹿馬鹿しい話であることが分かる。その他、「200名の鮮人抜刀して警官隊と衝突」など、後に『大正大震火災誌』にまとめられた流言記録に頻出する流言をそのまま報じている。典型的な流言記事だ。

13は工藤夫妻がロンドンのナショナル・アーカイブで発見したというアメリカ人の手記。帝国ホテルに避難していた彼が、軍人に「朝鮮人と社会主義者が10分以内に襲撃してくるから明かりを消せ」と言われたという内容。だが10分どころか一晩経っても何も起きなかったというのである。流言に右往左往したという、ありふれた記録にすぎない。工藤夫妻には、人々がそう思えばそれは事実、とでもいうような信念があるようだ。

14は、先に「トリック事例3」として紹介した【➡154頁】。

15も、先に「トリック事例5」として紹介した【➡159頁】。

16は、不逞鮮人が軍人に銃殺される直前に蜂起計画を自白したのを聞いたとの談話記事。拷問による自白を信じられるかという問題だが、それ以前に、談話者が実際に自白内容を聞いたのかどうかもあいまいだ。

最後の「特」は、先に「トリック事例4」として紹介した【➡156頁】。

これらの史料引用17本については、私と友人たちで作ったブログ「工藤美代子／加藤康男『虐殺否定本』を検証する」で、その一つ一つについてじっくりと検証している。本書巻末にアドレスを記しており、興味がある方は覗いてみてほしい。

付録② 中央防災会議 災害教訓の継承に関する専門調査会
災害教訓の継承に関する専門調査会報告書　平成20年3月(2008年)
1923 関東大震災【第２編】

http://www.bousai.go.jp/kyoiku/kyokun/kyoukunnokeishou/rep/1923_kanto_daishinsai_2/index.html

内閣府中央防災会議の「災害教訓の継承に関する専門調査会」は2003年に設置された。今後の防災に役立てることを目的に、過去の大災害について専門家が記述した報告をまとめている。

関東大震災については３編があり、そのうち第2編が震災直後の行政や社会の対応について扱っている。朝鮮人·中国人虐殺については、第４章「混乱による被害の拡大」で社会学的な視点から流言について検証し、同章第２節「殺傷事件の発生」で事件について記述している。また、「コラム８　殺傷事件の検証」では虐殺研究の歩みを整理している。その他のそれぞれの章にも、行政の動向を中心に虐殺についての言及がある。

ここでは、第４章第２節「殺傷事件の発生」の関連部分と、「終わりに」から虐殺事件から得るべき教訓について書かれた部分を抜粋した(太文字強調箇所は本書でつけたもの)。

同報告の全文はネットで読むことができる。くわしくは巻末の178頁へ。

第4章
混乱による被害の拡大

関東大震災時には横浜などで略奪事件が生じたほか、**朝鮮人が武装蜂起し、あるいは放火するといった流言を背景に、住民の自警団や軍隊、警察の一部による殺傷事件が生じた。**流言は地震前の新聞報道をはじめとする住民の予備知識や断片的に得られる情報を背景に、流言現象に一般的に見られる「意味づけの暴走」として生じた。3日までは軍隊や警察も流言に巻き込まれ、また増幅した。　[概要から。本文略]

第2節 殺傷事件の発生

既に見てきたように、関東大震災時には、官憲、被災者や周辺住民による殺傷行為が多数発生した。**武器を持った多数者が非武装の少数者に暴行を加えたあげくに殺害するという虐殺という表現が妥当する例が多かった。殺傷の対象となったのは、朝鮮人が最も多かったが、中国人、内地人も少なからず被害にあった。**加害者の形態は官憲によるものから官憲が保護している被害者を官憲の抵抗を排除して民間人が殺害したものまで多様である。また、横浜を中心に武器を携え、あるいは武力行使の威嚇を伴う略奪も行われた。

殺傷事件による犠牲者の正確な数は掴

めないが、震災による死者数の1～数パーセントにあたり、人的損失の原因として軽視できない。また、殺傷事件を中心とする混乱が救護活動を妨げた、あるいは救護にあてることができたはずの資源を空費させた影響も大きかった。**自然災害がこれほどの規模で人為的な殺傷行為を誘発した例は日本の災害史上、他に確認できず、大規模災害時に発生した最悪の事態**として、今後の防災活動においても念頭に置く必要がある。

この節では殺傷事件の概要を述べるが、当時の混乱の中では同時代的にもこの種の事件のすべてを把握することはできず、また、後に述べるような政府の対応方針もあって、公式の記録で全貌をたどることはできない。現在までの歴史研究や掘り起こし運動はこの欠を補い、災害の教訓を継承する活動としても有意義である。しかしながら、本事業の目的は歴史的事実の究明ではなく、防災上の教訓の継承であるので、これらの成果の概要についてはコラムに譲り、以下では当時の公的記録と公文書に依存した叙述を行う。第一に、現在までに確認されている当時の官庁の記録によって殺傷事件の概要を述べ、あわせてそれらの史料の性格と限界を検討する。第二に、略奪事件と治安維持への取り組みを、直近の類例であるサンフランシスコ大地震も参照しながら検討する。

1 殺傷事件の概要

(1) 朝鮮人への迫害

震災直後の殺傷事件で中心をなしたのは朝鮮人への迫害であった。そのきっかけとなった流言に関しては前節で検討した。2日午後以降に発生した広範な朝鮮人迫害の背景としては、当時、日本が朝鮮を支配し、その植民地支配に対する抵抗運動に直面して恐怖感を抱いていたことがあり、**無理解と民族的な差別意識もあった**と考えられる。歴史研究、あるいは民族の共存、共生のためには、これらの要因について個別的な検討を深め、また、反省することが必要である。一方で、防災上の教訓としては、植民地支配との関係という特殊性にとらわれない見方も重要である。時代や地域が変わっても、**言語、習慣、信条等の相違により異質性が感じ**

表4－8　官庁記録による殺傷事件被害死者数

種別	司法省報告書掲載					戒厳業務詳報掲載			合計
	起訴事件			警察による	軍通牒の不明	軍隊による		警察・民間人共同	
被害者	朝鮮人	日本人	中国人	日本人	朝鮮人	朝鮮人	日本人	朝鮮人	
東京	39	25	1	2		27	19	約215	約328
神奈川	2	4	2						8
千葉	74	20			1	12	8		115
埼玉	94	1							95
群馬	18	4							22
栃木	6	2							8
茨城		1							1
福島		1							1
合計	233	58	3	2	1	39	27	約215	約578

られる人間集団はいかなる社会にも常に存在しており、そのような集団が標的となり得るという一般的な課題としての認識である。

軍や警察の公的記録では作業量が大きかった朝鮮人の保護、収容が強調されるが、**特に3日までは軍や警察による朝鮮人殺傷が発生していた**ことが東京都公文書館所蔵の「関東戒厳司令部詳報」の「震災警備ノ為兵器ヲ使用セル一覧表」(『関東大震災政府陸海軍関係史料』第二巻に翻刻、以下「兵器使用一覧表」と略称。東京都公文書館所蔵の原本は現在公開が停止されているが、同館の協力により個人名を抹消した電子複写を閲覧して校合した)から確認できる。戒厳司令部が陸軍各部隊からの報告に基づいて作成したこの史料では、軍隊の歩哨や護送兵の任務遂行上のやむを得ない処置として11件53名の朝鮮人殺害が記録されている。一方、警察の記録で警察関係者による朝鮮人殺傷は確認できない。しかし、「兵器使用一覧表」には次のような叙述がある。3日午後に野戦重砲兵第一連隊の兵卒3名が洲崎警察署の要請で巡査5名とともに朝鮮人約30名を移送中、永代橋付近で彼らが逃亡した。隅田川に飛び込んだ17名を巡査の依頼で兵卒が射殺したが、この際飛び込まずに逃亡しようとした他の朝鮮人は「多数の避難民及び警官の為めに打殺せられたり」。これにより、巡査と民間人が共同しての殺傷行動があり、それは警視庁の公刊の記録に記載されなかったことがわかる。

民間人による殺傷行動についての官庁資料で最も網羅的なものは、震災直後に内務大臣を務めた後藤新平の文書中に残る「震災後に於ける刑事事犯及之に関連する事項調査書」(『現代史資料(6)関東大震災と朝鮮人』に翻刻、以下「刑事事犯等調査書」と略称。なお、後藤新平文書を引き継ぐ後藤新平記念館、市政専門図書館では現在原本を確認できないので翻刻による)である。これは司法省が作成したもので、火災の原因、朝鮮人犯行の流言、朝鮮人の犯罪、朝鮮人・朝鮮人と誤認した内地人・中国人を殺傷した事犯、治安維持令違反、暴利取締令違反、社会主義者の行動、軍隊の行為、そして、警察官の行為、と章を分けている。1923(大正12)年11月15日現在の調査結果を中心に作成されているところから、同年12月の帝国議会開会を前に議会で問題となりそうな課題について、司法省としての見解をまとめたものと思われる。

この資料によれば、朝鮮人による殺傷事件は殺人2件、傷害3件が記録されているが、すべて被疑者不詳であり、殺人に関しては被害者も不詳である。このため、起訴には至らなかったと考えられる。**流言にあった蜂起、放火、投毒等については、「一定の計画の下に脈絡ある非行を為したる事跡を認め難し」と否定している。**検察事務統一のため、9月11日に臨時震災救護事務局警備部で開催された司法省刑事局長主宰の司法委員会会同で、朝鮮人の「不逞行為に就ても厳正なる捜査検察を行ふこと」が決議され、翌日各主務長官の承認を得て実施されている(「関東戒厳司令部詳報」)。この方針に従って調査したものの、上述の程度にしか確認できなかったとい

うことである。

この資料に挙げられた朝鮮人殺傷事件は、「犯罪行為に因り殺傷せられたるものにして明確に認め得べきもの」として起訴された事件だけであり、朝鮮人が受けた迫害としては一部分にとどまる。9月2日から6日までに発生した53件の事件で、合わせて朝鮮人233名を殺害し、42名に創傷を負わせたことにより、11月15日現在、367名が起訴されていた。朝鮮人をめぐる流言の中で、2日夜から被災地の焼け残り地域や周辺部にほぼくまなく町内、部落ごとの自警団が組織され、通行人を尋問し、朝鮮人や怪しいと考えた者に暴行を加えた。自警団の原型が震災以前から警察の奨励によってできていた地域もあったが、多くは震災直後に自然発生的に形成された。しかし、当時武器を持った民間人集団はすべて「自警団」と表現されたので、その性格を一概に論じることはできない。

事件の発生件数は3日が最多であるが、4日から5日にかけて千葉県内で官憲に引き渡そうと朝鮮人を護送中のところを殺害した3件（死者54名、中山村若宮地先2件、船橋町九日市）と、4日から6日にかけての埼玉県と群馬県で警察官による護送中、あるいは警察署内に保護されている朝鮮人を襲撃して殺害した5件（死者約81名、本庄警察署、熊谷町、神保原町、寄居警察署、藤岡警察署）でこの史料で判明する朝鮮人死者の半数以上を生じている。一度流言が広がり、それを信じた人々が行動を起こすと、現場の警察官の説得でそれを止めることは困難な例が多数あったことがわかる。一方で、この種の事件の比率が高いのは、現場に警察官がいるなど、事件が把握しやすかったという事情のほか、検挙の方針が影響している。前述の司法委員会会同で、震災時の殺傷事件は「司法上之を放任するを許さず、之を糾弾するの必要なるは閣議に於て決定せる処なり。然れども情状酌量すべき点少なからざるを以て、騒擾に加はりたる全員を検挙することなく、検挙の範囲を顕著なるもののみに限定すること」としながら、同時に「警察権に反抗の実あるものの検挙は、厳正なるべきこと」を決議して翌日から実施している（「関東戒厳司令部詳報」）。**全関係者を検挙するのではなく、官憲に対して挑戦的であった事件を重点的に検挙・起訴した**のである。

なお、この「刑事事犯等調査書」に司法省から陸軍省への問い合わせの回答として収録された事例で、6日午後2時50分ごろ、市川町字新田389番地先で殺害された朝鮮人1名が、落伍して動けなくなったため、護送兵が「青年団及消防組の首脳者と覚しき者」に引き継いだ後、殺害された事件がある。しかし、これに相当する起訴は行われていない。また、警視庁『大正大震火災誌』（1925年7月）によれば、東京府下で警視庁が被疑者を検挙した殺人事件3件（被害者は各1名）が不起訴となっているが、これらの件も、「刑事事犯等調査書」には掲載されていない。このように、当時、官憲が殺傷事件の発生を認知し、あるいは公表した事例でも、犯人を確定して起訴していなければ上述の犠牲者233名には含まれない。

朝鮮人被殺害者数の全体について、朝鮮総督府の記録によれば、10月22日現在、内務省は「朝鮮人被殺人員」を約248名と把握していた。しかし、**朝鮮総督府東京出張員はこれを前提に「内査したる見込数」として、東京約300、神奈川約180、埼玉166、栃木約30、群馬約40、千葉89、茨城5、長野3の合計約813名を挙げている**(大正12年12月朝鮮総督府警務局,「関東地方震災ノ朝鮮ニ及ホシタル影響」,斉藤実文書,『関東大震災朝鮮人虐殺問題関係史料IV』影印)。内務省の把握が部分的であることは、当時の植民地官僚の目にも明らかだったのである。その後、総督府は震災による朝鮮人の死者・行方不明者を832名と把握して、1人200円の弔慰金を遺族に支給した(大正13年6月,朝鮮総督府官房外事課,「関東地方震災時に於ける朝鮮人問題」,『現代史資料(6)』所収)。この際、死亡が災害の直接の結果か、殺傷事件によるものかは区別していない。しかし、日本人の死者、行方不明者へ一律で配布されたのが御下賜金の1人16円であったことと対比すれば、200円という金額は政府が朝鮮人の被災を特異なものと捉えられていたことを示している。

(2) 中国人の殺傷

「刑事事犯等調査書」は、中国人への反感に起因する事件はなく、朝鮮人と誤認して中国人を殺傷した事件が9月4日と5日の4件に発生して、被害者の死亡3名、負傷5名が生じたとする。これに関する起訴被告人は12名である。この他、僑日共済会長王希天への危害(王希天事件)及び大島町八丁目付近での中国人百数十名の被害(大島町事件)について、「厳に之が調査を為したるも其の事跡明ならず」と特記している。

しかし、**大島町事件の実在は公的記録からも明らかである。**「兵器使用一覧表」には、9月3日午後3時ごろ、大島町八丁目付近で野戦重砲兵第一連隊岩波少尉以下69名と騎兵第14連隊の11名が群集と警官40〜50名が連行した朝鮮人約200名と出会い、その処置を協議中に騎兵卒3名が朝鮮人の首領3名を銃把で殴打したことから、群集及び警察官と朝鮮人が争闘となり、軍隊は防ごうとしたが、朝鮮人は全部殺害されたという事件が記録されている。これには被殺者が中国人だとの説があるが、軍隊側は朝鮮人だと確信していたという付記がある。**これは一件の事件としては震災時に生じた最大の殺傷事件である。**

この事件に関しては、外務省記録にも関係文書がある。このうち、現在、国立公文書館アジア歴史資料センターによってインターネット上で画像が公開されている「大島町事件其他支那人殺傷事件」の綴(レファレンスコードB04013322800)は、外務省内で回覧され大臣、次官をはじめとする関係者の花押が記された文書群である。その冒頭に収録された坪上(貞二)書記官「支那人ニ関スル報道 九月六日警視庁広瀬外事課長直話」には、「九月三日大島町七丁目ニ於テ鮮人放火嫌疑ニ関連シテ、支那人及朝鮮人三百名乃至四百名三回ニ亘リ銃殺又ハ撲殺セラレタリ」とある。また、9月21日、亜細亜局「支那人王

希天行衛不明ノ件」によれば、「本所大島町付近ニ於テ約三百名ノ支那労働者殺害セラレタル事実ハ、九月十六日、警視総監ノ出渕局長ニ言明(正力官房主事熱心ニ之ヲ裏書セリ)セル所」、と警視庁が外交問題となり得る中国人労働者大量殺害事件としてこの事件を外務省に伝えていたことがわかる。そして、11月8日、亜細亜局出淵(勝次)局長口述とある亜細亜局作成の「王希天問題及大島町事件善後策決定ノ顛末」では「(十一月)七日閣議散会後、内務大臣ヨリ本件ニ付キ相談シ度シトテ外務、司法、陸軍各大臣ノ集合ヲ求メ、四大臣鳩首協議中偶々総理大臣モ参加シテ本件ヲ議シタルガ、結局本件ハ諸般ノ関係上之ヲ徹底的ニ隠蔽スルノ外ナシト決定」したと記録されている。政府首脳は、事件被害者を中国人と理解しながら、公式にはそれを認めないことを決定したのである。

(3) 日本人の殺傷

日本人の殺傷で特異なのは、9月16日の甘粕憲兵大尉による無政府主義者大杉栄とその内妻と甥の殺害事件(甘粕事件、あるいは大杉事件)である。これは、軍隊、警察による殺傷行為としては唯一、犯罪として軍法会議で裁かれ、甘粕大尉ほか1名が有罪判決を受けた。本件は意図的な犯罪行為であり、時期的にも震災に直接関連した事件ではないように思えるが、実行犯の憲兵が軍法会議の審理で、亀戸警察署での社会主義者殺害を聞き知ったことが動機の一つであるとしているところから、震災直後の殺傷事件との関連がある。

亀戸警察署での事件に関して、「刑事事犯等調査書」は、9月4日夜に亀戸警察署構内において自警団員4名と社会主義者10名が喧噪して制止できなかったため、警備にあたっていた軍隊が殺害したと記録する。社会主義者の殺害は亀戸事件と呼ばれるが、自警団員の殺害、あるいは、さらにその他この史料では確認できない同署構内での殺傷も含めて亀戸事件と呼ぶ場合もある。「兵器使用一覧表」には、この他、5日午後1時に亀戸警察署内で歩哨を殴打した日本人を刺殺した件が掲載されている。事件自体は当時から話題になっていたが(山崎今朝弥,1924,『地震憲兵火事巡査』,解放社)、この記録は「刑事事犯等調査書」や警視庁『大正大震火災誌』にはない。司法省、警視庁は、比較的把握が容易であったはずの警察署内での内地人の殺害もすべてを記録にとどめたわけではないことがわかる。なお、ここで利用した史料から署内での収容者殺害が確認できる警察署は亀戸警察署だけである。

この他、「兵器使用一覧表」には、軍隊による内地人の殺害として、5日に習志野廠舎収容避難民のうち反抗的態度をとった8名を憲兵分隊に護送中、暴行したため全員を刺殺した件及び5日に豊多摩刑務所で囚人の喧噪を鎮めるため1名、6日に逮捕して王子署に護送中の社会主義者のうち暴行に及んだ1名を、それぞれ射殺した件が記載されている。また、「刑事事犯等調査書」は、2日午後12時ごろ、亀戸警察署神明町派出所で巡査が短刀で切りかかって来た内地人を斬殺し、5日には巣鴨警

察署管内で警察官と自警団の衝突によって自警団員1名が死に至ったことを記している。警察や軍隊は、必要と認めれば内地人に対しても武力を行使し、死者を生じていた。

「刑事事犯等調査書」には、民間人が朝鮮人と誤認して日本内地人を殺傷した事件として、8つの府県で9月2日から7日までに46件を挙げている。これにより死亡した内地人58名、負傷者31名、関係する同日現在の起訴者は187名、起訴猶予者19名である。警視庁の『大正大震火災誌』によれば、このうち東京の1件は朝鮮人を隠匿したとして、内地人を内地人と認識しながら殺害した事件である。「刑事事犯等調査書」が「何れも其の容姿、態度又は言語の情況等に因り鮮人なりと誤解され自警団員其の他の民衆の為に害を加へられたるもの」としてまとめているのは、必ずしも正確ではないことがわかる。

以上、**公的記録を見ても、震災直後に殺傷事件が多発したことは明らかである。そして、これらは殺傷事件の全貌を示そうとした調査ではないので、この他にも殺傷事件が発生していたことは確実である。**もちろんすべてではないが、**軍、警察、市民ともに例外的とは言い切れない規模で武力や暴力を行使したことは、重く受け止める必要があろう。**

2 略奪事件と警備

[略]

おわりに－関東大震災の応急対応における教訓－ [一部抜粋]

6 流言が殺傷事件を招くとともに、救護にあてるべき資源と時間を空費させた。

a. 軍隊や警察、新聞も一時は流言の伝達に寄与し、混乱を増幅した。軍、官は事態の把握後に流言取締りに転じた。

b. 火災による爆発や火災の延焼、飛び火、井戸水や池水の濁りなど震災の一部を、爆弾投擲、放火、投毒などのテロ行為によるものと誤認したことが流言の一原因。

c. 軍や警察による武器使用はもちろん、不安をやわらげるつもりの武力誇示や保護のための連行も流言を裏書するように誤解された場合がある。

空き巣や略奪といった犯罪の抑止のためには軍隊、警察、民間の警備は有効ではあったが、流言と結びついたため、かえって人命の損失を招いた。

→過去の反省と民族差別の解消の努力が必要なのは改めて確認しておく。その上で、流言の発生、そして自然災害とテロの混同が現在も生じ得る事態であることを認識する必要がある。

不意の爆発や異臭など災害時に起こり得ることの正確な理解に努め、また、テロの現場で犯人を捕捉することの困難や個人的報復の禁止といった常識を大切にして冷静な犯罪抑止活動に努めるべきである。

あとがき

朝鮮人虐殺否定論者の主張は荒唐無稽なものだ。そのトリックの稚拙さは滑稽でさえある。歴史学の世界でまともに扱われることは、永遠にないだろう。にもかかわらず、一冊の本を費やして、それについて論じなければならなかったのは、こうした歴史歪曲を放置しておけば、それはネットに始まって社会に拡散し、虐殺の史実を記憶し向き合おうとする追悼や教育の営みを封じ、ひいては研究さえできなくさせていくことになるからだ。そうした展開は実際に繰り返されてきた。中央や地方で教育や研究に影響力を行使できる立場の政治家たちが、公然と虐殺否定論を唱え、追悼、教育、研究の営みを否定しようとしてきたことは、本文で紹介したとおりである。

虐殺の実態を解明し、犠牲者を追悼する営みは、事件のすぐ後に始まっている。戦後は１９５０年代末に学術的な研究が始まり、それ以来、歴史学者たちが史料を収集し、事件の全貌を明らかにしようとしてきた。また、在日朝鮮人団体が被害者の証言を集め、地域の市民団体や郷土史家たちが地元住民の証言を聞き取り、遺骨の発掘を行った。毎年9月、犠牲者を悼む行事が各地で行われている。こうした驚嘆すべき努力とその持続によって、今の私たちは歴史に向き合い考える機会を受け取っている。その歴史的厚みは、民族差別の本音を隠したつもりの詭弁によって否定できるようなものではない。

本書もまた、こうした歴史的な真相究明の営みの中から生まれた多くの史料集成、研究書、証言集から多くを得ている。特に、姜徳相／琴秉洞編『現代史資料6　関東大震災と朝鮮人』（みすず書房・１９６３年）、山田昭次編『朝鮮人虐殺関連新聞報道史料』（緑蔭書房・２００４年）からは多くの知見を受け取り、また、画像などを活用させていただいた。被害を受けた韓国・朝鮮人の立場から虐殺研究を切り開いた姜徳相(カンドクサン)さんと、今は亡き琴秉洞(クムビョンドン)さん、そして日本人自身の問題としてこれを受け止め、研究を続けてきた山田昭次さんに深く感謝する。膨大な史料集成を刊行した緑蔭書房にも頭が下がる。

かつて、前川喜平・元文部科学次官が会見で「あったことをなかったことにはできない」と語って話題となった。〝あったことをなかったことにしたい〟という思いから歴史を歪曲する、いわゆる歴史修正主義者は、朝鮮人虐殺否定論に限らず近現代史を中心に様々なテーマについて存在する。詭弁の展開や引用史料の改変、さらには存在しない史料や証言のでっち上げといった歴史歪曲のトリックは、テーマの違いを超えて共通であろう。この問題に関心を持つ人に伝えたいのは、隠されたトリックを暴き、分かりやすく明らかにする作業は、歴史学者だけの仕事ではないということだ。ぜひ、他のテーマでも、私と友人たちがやったような解明作業を行ってほしい。まずは歴史修正主義者の著作を徹底的に読み込み、彼らの引用史料の原典に当たってみることだ。必ずどこかに〝トリック〟が仕掛けられているはずだ。

メディア関係者には本書を通じて虐殺否定論への抗体を身に着けてもらえればと思う。そして行政や議会の関係者にお願いしたいのは、もし政治家が朝鮮人虐殺否定論を唱えて虐殺犠牲者の追悼や展示、教育などを止めよと叫び始めたら、それを諫めるために本書を活用してほしいということである。

最後に、何かと言えばすぐに作業の手が止まってしまう私を、なだめたり急かしたりして刊行まで完走させてくれた「ころから」の皆さんにお礼を申し上げたい。

加藤直樹

主な参考文献

本文中でタイトル、発行年、発行元を明記しているもの以外を示す

全体を通じて

姜徳相／琴秉洞編『現代史資料6　関東大震災と朝鮮人』みすず書房、1963年

山田昭次編『朝鮮人虐殺関連新聞報道史料1～4・別巻』緑蔭書房、2004年

警視庁『大正大震火災誌』1925年（国会図書館デジタルコレクション）

第1章

松尾章一監修／田崎公司・坂本昇編集『関東大震災政府陸海軍関係史料２巻　陸軍関係史料』日本経済評論社、1997年

新聞資料ライブラリー『シリーズその日の新聞　関東大震災（上）激震・関東大震災の日』大空社、1992年

山田昭次「関東大震災と現代」、関東大震災80周年記念行事実行委員会編『世界史としての関東大震災』日本経済評論社、2004年

内閣府ＨＰ「広報ぼうさい」2007年7月「1923（大正12）年関東大震災　火災被害の実態と特徴」

「最近ニ於ケル在留朝鮮人ノ情況」、萩野富士夫編『特高警察関係資料集成12巻』不二出版、1992年

武村雅之「震災予防調査会報告100号の意義」『歴史地震』27号、東京大学地震研究会、2012年

第2章

諸井隆文／武村雅之「関東地震（1923年9月1日）による被害要因別死者数の推定」、日本地震工学会論文集第4 巻第4 号、2004年（https://www.jaee.gr.jp/stack/submit-j/v04n04/040402_paper.pdf）

横浜地方裁判所編『横浜地方裁判所震災略記』1935年（国会図書館デジタルコレクション）

外村大「日本における朝鮮人危険視の歴史的背景」、東国大学校文化学術院日本学研究所『日本学』第32編、2011年5月

坪江汕二『朝鮮民族独立運動秘史』巌南堂書店、1966年

『金子文子・朴烈裁判記録』黒色戦線社、1977年

京都大学人文科学研究所ＨＰ「データベース戦前日本在住朝鮮人関係新聞記事検索」（http://www.zinbun.kyoto-u.ac.jp/~mizna/shinbun/）

第3章

두산백과（斗山世界大百科事典web版）項目「관동대학살（関東大虐殺）」

ブログ「参議院議員 赤池誠章（あかいけまさあき）ニュース」2014年9月1日記事「9月1日　防災の日　関東大震災を考える」

横浜市会ＨＰ

田中貢太郎／高山辰三著『叙情日本大震災史』教文社、1924年

東京都議会ＨＰ

東京都ＨＰ「知事の部屋」

ブログ「そよ風」（http://blog.livedoor.jp/soyokaze2009/）

コラム

「黒龍会・内田良平の『虐殺否定論』を検証する」

初瀬龍平『伝統的右翼内田良平の研究』九州大学出版会、1980年

内田良平『支那観』黒龍会、1913年（国会図書館デジタルコレクション）

夢野久作「日韓合併思ひ出話」、『夢野久作著作集5』葦書房、1995年

滝沢誠『権藤成卿』紀伊国屋新書、1971年

「関東大震災朝鮮人犠牲者追悼碑」の歴史的な〝重み〟」

関東大震災五十周年朝鮮人犠牲者追悼行事実行委員会編『歴史の真実　関東大震災と朝鮮人虐殺』現代史出版会、1975年

付録❶

大曲駒村『東京灰燼記』中公文庫、1981年

東京市下谷区役所『下谷区史付録大正震災志』1937年

初出

いずれも加筆修正がなされている

民族差別への抗議行動・知らせ隊 ＋ チーム1923webサイト
「朝鮮人虐殺はなかったはなぜデタラメか」（http://01sep1923.tokyo/）

同ブログ『工藤美代子／加藤康男「虐殺否定本」を検証する』（http://kudokenshou.blogspot.com/2015/01/000.html）

「『朝鮮人虐殺否定論』が溢れかえる恐ろしさ」『論座』2017年05月17日（https://webronza.asahi.com/）

「小池都知事、朝鮮人犠牲者追悼文取りやめの深刻さ」『論座』同年9月21日（同上）

「小池都知事『朝鮮人虐殺』追悼文取りやめはなぜ深刻か」『月刊社会民主』同年11月号

「歴史的デマゴギーへの対処法　関東大震災『朝鮮人虐殺否定論』から考える」『世界』2019年1月号

「アジアプレス・ネットワーク」（http://www.asiapress.org/apn/）掲載の関連記事

「朝鮮人虐殺否定論」を考える上で参考になるwebサイト

虐殺否定論のトリックを明らかにし、さらに朝鮮人虐殺事件についての正確な理解を得るために役立つウェブサイトを紹介する。

「朝鮮人虐殺はなかった」はなぜデタラメか
http://01sep1923.tokyo/

工藤美代子／加藤康男「虐殺否定本」を検証する
http://kudokenshou.blogspot.com/

記憶を刻む　1923年関東大震災時の朝鮮人・中国人虐殺関連の資料と証言
http://1923archives.blogspot.com/

以上の３つのサイトとブログは、私と友人たちが結成した「民族差別への抗議行動・知らせ隊＋チーム1923」が作成したもの。「『朝鮮人虐殺はなかった』はなぜデタラメか」は、虐殺否定論のおかしさを分かりやすく解説したもので、いわば入門編。「工藤美代子／加藤康男『虐殺否定本』を検証する」はそこから進んで、工藤夫妻の虐殺否定本を徹底的に検証したもの。「記憶を刻む」は、いわば史料倉庫で、虐殺・迫害事件の証言や公的文書、著名人の反応や関連する当時の新聞記事の画像などを収録している。

内閣府中央防災会議報告書　1923 関東大震災【第２編】
http://www.bousai.go.jp/kyoiku/kyokun/kyoukunnokeishou/rep/1923_kanto_daishinsai_2/index.html

本書でも繰り返し引用してきたように、虐殺事件についての歴史学の基本的な認識を知ることができる。「混乱による被害の拡大」と題した第４章を中心に、他にも虐殺事件に関連する記述がある。

関東大震災人権救済申立事件調査報告書（日弁連）
http://www.azusawa.jp/shiryou/kantou-200309.html

横浜で父の知人の虐殺を目撃した文戊仙（ムンムソン）さんによる人権救済の申し立てを受けて、2003年、日弁連が虐殺事件についての調査を踏まえて虐殺事件に対する国の謝罪と真相究明を求める勧告を行った際の報告書。司法記録や公的文書を中心に堅実に検証し、事件に対する国の責任を明らかにする重要な内容。

加藤直樹（かとう・なおき）

1967年東京都生まれ。法政大学中退。出版社勤務を経てフリーランスに。著書に『九月、東京の路上で　1923年関東大震災　ジェノサイドの残響』（ころから、2014年）、『謀叛の児　宮崎滔天の「世界革命」』（河出書房新社、17年）。共著に『NOヘイト！　出版の製造者責任を考える』（ころから、14年）他。翻訳にチェ・ギュソク『沸点　ソウル・オン・ザ・ストリート』（ころから、16年）がある。

TRICK トリック

「朝鮮人虐殺」をなかったことにしたい人たち

2019年 6月29日　初版発行
2019年11月 8日　第3刷発行
1600円＋税

著　者　加藤直樹
装　丁　安藤　順
パブリッシャー　木瀬貴吉

発行　ころから
〒115-0045
東京都北区赤羽1-19-7-603
Tel 03-5939-7950
Fax 03-5939-7951
office@korocolor.com
HP　http://korocolor.com
SHOP　https://colobooks.com

ISBN 978-4-907239-39-8
C0036　*COSH*